新　潮　文　庫

好かれる技術

—心理学が教える２分の法則—

植木理恵著

新　潮　社　版

8897

はじめに

人の出会いは第一印象が肝心——こんなこと、今やだれもが知っていますよね。では、次のことはいかがでしょうか。

・出会ってたったの「2分」の間に、その印象はすっかり固定してしまう。
・しかも、そこで一度つくられた印象は、もう生涯変わらない。

いかがでしょうか。印象に関する心理学研究はたくさんなされてきているのに、こんな重大な事実が、今まで心理学者だけの「秘密」にされていたようです。

実は初対面が苦手、という人はすごく多いものです。実際に、商談やお見合いなどをテーマとして、「『はじめまして』のあと、何を話したら心理的に効果があるか？嫌われずにすむのか？」という取材や心理相談はどんどん増えています。

第一印象を気に病みすぎて、対人関係のストレスや社会恐怖症に真剣に悩んでいる老若男女が、毎日のように、心療内科のロビーにあふれている状態なのです。

実は私自身、子どもの頃は極度の人見知りで、初対面の人を見るだけで母親の後ろにしがみついて隠れるタイプでした。新しい友だちをつくることもできない。みんなのなかに入っていけない。子どもながらに自分が嫌になり、けっこう悩んでいたものです。

しかし、認知心理学や行動心理学の中には、そんな悩みを解消するヒントがたくさん隠されていたのです。

この本には、そのエッセンスをすべて詰めこみました。第一印象のキモとなる「2分間」に、人は何をすべきなのか、何を伝えるべきなのかということを、「初対面前日→前半1分→後半1分→ラスト」の時系列順に、具体的にまとめました。

それだけではありません。印象度アップのために、普段から心がけると良い習慣や考え方、2分1秒から先の過ごし方まで、「とにかくあの人にもう一度会いたい」と相手に思ってもらうためのノウハウもまた、心理学の実験をもとにたっぷり紹介してあります。

ですから、この本を読み終えれば、あなたは間違いなく好印象を手に入れることができ、仕事に、恋に、人間関係に、大きな自信を持てるようになるはずです。

ちなみに、この本は、「第一印象のためのマナー」の本とは違います。初対面でのお辞儀の仕方、自己紹介のマナー、名刺交換の仕方、笑顔の重要性……、そういう作法の本ではないのです。

単に「いい人だな」とだけ思われても、それだけでは何か物足りませんよね。だから、もっと強力に相手をひきつけて、あなたの好印象が心から離れなくなるような心理術を述べているつもりです。

ですから、初対面の相手に苦手意識を感じている人はもちろん、むしろ自分の第一印象にすでに自信のある方にも、ぜひ読んでいただきたいのです。

末筆になりましたが、本書刊行に多くの労をとっていただいた、新潮文庫編集部の内田諭氏にこの場をお借りして心からお礼を申しあげます。

2010年春

植木理恵

目次

第2章

「もう一度会いたい」人になれる　心の準備体操　45

第3章

絶対「好かれる」第一印象　2分で演じる5つのシーン　89

第4章

「好かれる」ための総仕上げ！　2分1秒からのダメ押しメッセージ　121

図版作成　インフォルム

好かれる技術

——心理学が教える２分の法則——

第1章 「好かれる」には2分が勝負！
第一印象の強力パワー

人は出会って2分で飽きる

「どうもはじめまして」……そう口にした瞬間から、もう勝負ははじまっています。タイムリミットは、泣いても笑っても2分だけ。あなたの第一印象は、間違いなくこの2分で決まる。しかも、そこでひとたびつくられた印象は、生涯ほとんど変わることがありません。

「私って、仲良くなってしばらくして、徐々にテイスト出していくタイプだから」……そう言ってはばからないあなたには、かなりのバッドニュースとなるでしょう。が、人の印象づくりに大器晩成はありません。ツカミで失敗すれば、その後はもうほとんど手の打ちようがない。それが現実です。

初対面では最悪、なのにその後しだいに2人はひかれあって……そんな逆転劇は映画の世界のできごとです。もう一度言います。**第一印象は2分で決まって、その後はもう変わらない。**心理学者の立場からは、どうしてもこれが結論となるのです。

ここで1つ、この「2分説」の根拠となる心理実験をご紹介しましょう。

実験と言っても内容はごくシンプル。初対面の人同士で向かい合って座ってもらい、

「自由に雑談をしてください」というアバウトなお願いをしました。実験参加者は、男女、年齢いろいろな組み合わせで、67組134名。

ここで私が観察したのは、雑談の内容ではありません。メインフォーカスは、参加者全員の「貧乏ゆすり」、そして「指いじり」。初対面のときはだれしも緊張感を持ち、膝《ひざ》は直角、指は膝にという感じでスタートします。それがだんだん、意味なく足をカタカタ、指をゴソゴソ……。

これはもう、本人がいかに否定しようと、「そろそろ飽きた」「疲れてきた」感情を表す1つの指標となります。さて、退屈の代名詞とも言えるこの二大アクション、向かい合って座ってからどのくらいのタイミングで出現するのでしょうか?

図表1をよく見てください。とくに、雑談がスタートしてからの120秒後にご注目。ここが1つの境界点となっていることにお気づきでしょうか。2分を境に、まず貧乏ゆすりが爆発的に増加。さらにそれを追うように、相手に動きバレバレの指先までが、徐々に退屈シグナルを発信しはじめます。

初対面の雑談には心理的なタイムリミットがあり、しかもその幕切れは、ゴングが鳴ってからたったの2分でやってくるらしい。そう、なんだかんだと言っても、**人は2分で飽きる、疲れる、話が尽きる、面倒くさくなってくる。**

図表1 貧乏ゆすりの出現（初対面67組134名）

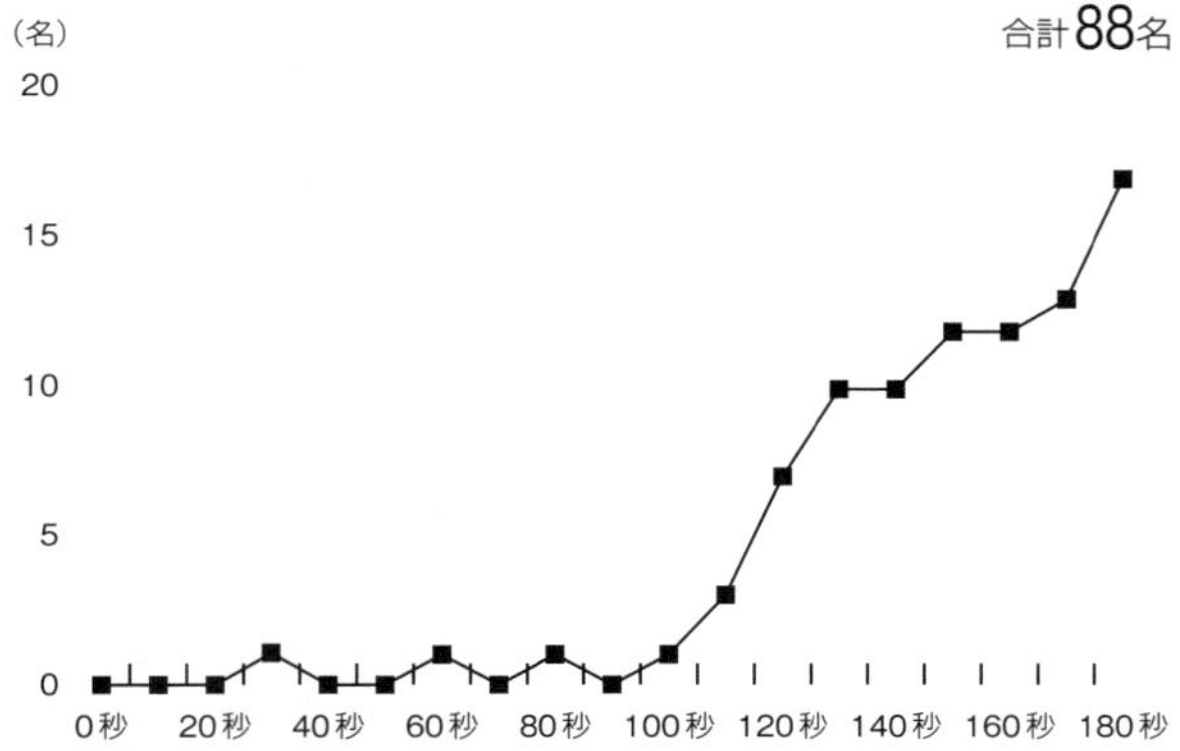

図表2 指いじりの出現（初対面67組134名）

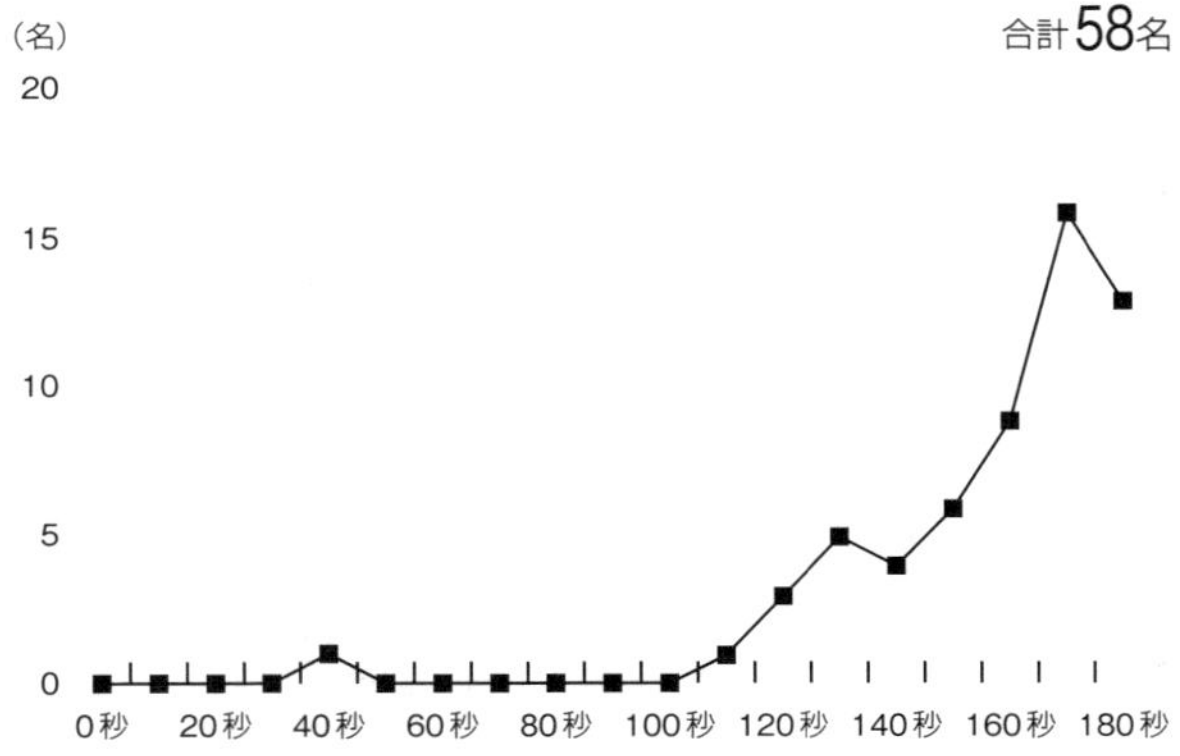

まずは、この厳しい現実をキモに銘じておいてください。

2分を制する者は人生を制す

わざわざこんな実験を披露するまでもなく、経験的にもご想像がつくと思います。初対面の相手と、「真剣な雑談」をいつまでも続けるのはけっこう厳しいですよね。知らない人と何を話したらいいかわからない……深刻にそう悩んで相談に来る方も、けっこういるくらいです。

社会人のお決まりマナーとしては、出だしは自己紹介、時候の話、世間話というところでしょうか。ところが、その平均タイムをとってみると、長く喋《しゃべ》ったつもりでも、1分40秒くらいしかたっていないからびっくり。

2分もたてば、当たり障《さわ》りない会話もひと段落つき、「さて」とビジネスライクなテーマに突入するか、「ということで」とサヨナラモードに切り替わる空気ができてしまいます。

私は大学の授業で、初対面の学生同士に「雑談&自己紹介タイム」というものを設けていますが、こちらから時間制限しなくても、早くて1分30秒、遅くとも2分すれば教室にシーン……と、気まずい静寂が満ちてくるものです。

だからこそ、最初の2分がとても貴重なのです。貧乏ゆすりもはじまっていなければ、気まずい静寂も訪れていない。しかも、サヨナラモードにも、ビジネスの話にも、まだ突入していない。目の前の相手が、まさに全身全霊で、あなた個人の一挙一動に集中してくれているのです。

ということは、その時間こそが、あなたの生涯を左右するくらいの、かけがえのない印象アピールの時間となるわけです。これほどのチャンスは、もう二度と訪れないと思ってください。

そしてこれは、何も雑談に限ったことではありません。見わたせば、世のなかには「最初の2分でまとめなさい」というお題はけっこう多いものです。

調べてみると、就職試験や公務員試験の面接では「まずは自己PRを2分程度で」と求められる傾向があります。某大手メーカーの企業研修でも、「新商品のプレゼンを2分以内で」というトレーニング法がスタンダードとなっていました。

ちなみに、先日、ある雑誌の取材で参加した「お見合いパーティ」でもしかり。「気に入った相手の前に座ってください。ただし2分たったら笛を鳴らしますよ。そこでお相手チェンジです！」。大人の椅子《いす》とりゲームがドタドタとはじまり、ピッと笛が鳴るごとに、男性がまるで回転寿司《ずし》のように目の前を流れていくのです。

つまり、相手と目を合わせて2分のあいだに、自分のありったけのチャームポイントを絞り出さなければ、即ライバルに負けてしまう仕組み。このゲームは本当にすさまじかった。

それはさておき、印象づくりという点において、出会って2分は決して呑気《のんき》なプローグではない。ここでボンヤリしている人は、何をやっても成功しないでしょう。ビジネス、合コン、お見合い、はたまた公園デビューまで、どこにいても、私たちは、出会っていきなりクライマックスをむかえていることを、忘れないでください。

2分に手を抜くと人生を棒に振る

印象づくりは最初の2分がクライマックス。なぜなら、初対面同士の雑談は、2分を過ぎたら急に飽きるし、疲れるから。それならいっそ雑談なんてはしょっておいて、商談でもデートのお誘いでも、いきなり話の中核に入ってしまえばOKかと言うと、そうはいかないから厄介なのです。

実は、最初に「愛想のない奴《やつ》だ」とか「冷たい人かも」なんて思われるのは、すごく怖いことなのです。人間のイメージって、ものすごくしつこい。一度そういう印象を持たれたら最後、かなりの確率で、あなたは一生「冷血人間」あつかい間違いなし。悪い印象をくつがえすことほど、難しいものはないと言われています。

とくに気をつけていただきたいのが、今例に出した「冷たい」という印象。「鈍そう」とか「暗そう」とかいった印象よりも、これははるかに深刻なのです。

アメリカの心理学者アッシュがおこなった有名な心理実験が、この「冷たい第一印象の恐怖」を如実《にょじつ》に示しています。

アッシュは、ある男性を実験参加者に紹介するとき、わざと「冷たい男」という印象を植えつけました。するとその後、その男性が何をやっても冷たいイメージはぬぐえない。それどころか、彼が努力すればするほど、どんどん悪い印象が強まっていくということが判明したのです。

具体的にはこうです。たとえばその男性が、汚名返上とばかりに「真面目《まじめ》さ」や「勤勉さ」をアピールしたとします。ふつう、それっていいことですよね。ところが、彼の場合は焼け石に水をとおりこして、めちゃくちゃな悪循環。

アピールする彼の姿を見て、多くの実験参加者が口にしたのはこんな感じ。

「うわ、冷血なガリ勉人間……なんか怖い」

それなら今度は男らしく、とばかりに、懸命にリーダーシップや決断力を発揮してみても、結果は同じ。本来ならば、かなりポジティブに評価されるべきことをしているのに、動けば動くほど「自己チューで仕切り屋、ワンマンな冷酷人間」と、完璧《かんぺき》にひかれてしまうのがオチでした。

もうお気づきですよね。最初の「冷たい」という印象に、後々の情報がすべて、やたらとネガティブにねじ曲げられて解釈されているのです。こうなったらもう、何をやっても悪くとられてしまう。

こういう気の毒な人、たまに見かけませんか？　おそらく、第一印象でつまずいて、ずっと誤解されているのでしょう。

しかし、物事はすべからく逆もしかり。反対に、初対面で「あたたかい人」と思いこませた場合は、未来永劫《えいごう》に抜群の高評価が続くということになります。つまり、同じことをしていても、勤勉さやリーダーシップが「さすがに人徳者は違う！」と、やたらポジティブに解釈されるのです。

しかもすごいことに、こういう人は、たとえ失敗をしたとしても許されてしまう。だって、「そこが人間らしく、ホットな感じでいいじゃない」などと、いつの間にかフォローされているのだから。はたからは、妙に調子よく見えるこの手のタイプ、まさに第一印象の「勝ち組」と言えるのかもしれません。

結局、第一印象はくつがえらない

それにしても、心理学を研究すればするほど、人間の印象づくりってどこまでも単純だということが、よくわかってきます。

本来、人の性格なんて、よい面も悪い面もゴチャゴチャ混ざっていて、果てしなく奥深いもののはず。ところが、それを見ている側の観察眼ときたら、なんて安直で短絡的なのでしょうか。

私たちは、コンピュータのように人物の特徴を網羅的にとらえ、それを組み立てて、全体像を構築しているのではありません。本人は、そうやって客観的に見ているつもりでも、残念ながら、人間の脳はそんなに精密にはつくられていないのです。

だから、「冷たい」「あたたかい」といった、たった1つの第一印象にひきつけられて、人間の全体像をあっと言う間につくりこんでしまう。しかも、ひとたびつくられた印象は修正されにくく、むしろ増幅していく。ちなみにこの現象、心理学では**「初頭効果*」**とよばれています。

では、一体どうしてそんなことが起きるのでしょうか。それは、人間は「確証バイアス」*のかたまりだからです。

ちょっと理屈っぽい話が続いて恐縮ですが、好印象を手に入れるために、ぜひ知っておいてほしいことなので書いています。

確証というのは「自分の正しさを確かめること」、バイアスというのは「間違い」という意味。つまり、確証バイアスとは「自分の正しさを確かめるような情報ばかりを集める間違い」ということになります。

それがどうして間違いかというと、本来、物事の真実を見極めるためには、「確証」だけではなく「反証」のほうも確かめなくてはならないのに、人はいつも確証を深めるばかりで、反証のほうをすっかり忘れてしまうから。

本当に論理的に「冷たい人だ」ということを証明するためには、冷たいという証拠をかき集めるだけでなく、その人が「あたたかい人かも」という可能性を、とことん否定しなければなりません。それが反証です。確証と反証が伴ってこそ、はじめて論理的に思考できていると言えるのです。

しかし、私たちは、そんな高性能なことはしない。一度「冷たい」と思いこんだら最後。今日も残業を手伝ってくれなかった、このあいだも自分のコーヒーだけ入れていたなど、「やっぱり冷たいじゃん」と確証できる情報にばかり目が行くようになります。失敗をさりげなくフォローしてくれたり、愚痴を聞いてくれたりというあたたかいエピソードは、もはや記憶に残らないのです。

人間とはつねに、「ああ、やっぱりそうだった」と確信したがる生き物。これはもう、仕方のないことかもしれません。だって、私たちの脳の仕組み自体が、そういうふうにつくられているのだから。

なぜなら、そのほうが、大勢の人のことをシンプルに記憶できて効率的だし、「やはり私は正しかった」と自己肯定できたほうが、気分よくすごせてメンタルヘルスにもよいからです。これを脳の「節約原理」とよぶ研究者もいます。

以上、このような心理学的メカニズムを背景にして、もう一度。**印象は最初の２分で決まり、それは生涯ほとんど変わることがない。**ここまではっきりしたら、もう現実として受けとめるしかありませんね。

第一印象の前にたちはだかる第ゼロ印象

突然ですが、「ラテン民族は基本的にみんな陽気だ」と思っていませんか。あと、

「アメリカ人は大雑把だ」とか、「ドイツの人は厳格なタイプが多い」とか。

そうだとしたら、会って2分どころか、それよりもはるかに前から、大前提として「第ゼロ印象」みたいなものがすでに存在している、そういうことになりますよね。

イタリア生まれのジョヴァンニ君。少しおっとりした性格がわざわいし、だれに会っても「ラテン系なのに暗いね。なんで⁉」などと、奇異な目で見られると嘆いていました。反対に、ドイツ人の先生が授業中に陽気なジョークをとばすと、学生が妙にとまどってだれも笑わない。これもよくある光景です。

こういう人はこうに違いないという、型にはまった紋切り型の思いこみ。これを**「ステレオタイプ」***と言います。ステレオタイプが及ぼす影響って、無視できないですよ。

日本人同士だと、こういう「民族ステレオタイプ」は気になりませんが、それに代わってすごい威力を持っているものがあります。それが「職業ステレオタイプ」です。

2分の雑談で、お互いの職業についてまったく触れないということは、ありえないでしょう。「私は○○をやっています」というフレーズがどこかに入るはず。とくに、日本人は「職業＝その人自身」であるかのように評価しがちなところがあります。

ですから、自分の仕事についてどのように相手に表現すべきか、これは、あなたの

図表3 **職業ステレオタイプ**

	あたたかい職業	冷たい職業
1位	看護師	セールス業者
2位	保育士	作家
3位	介護士	塾講師
4位	消防士	学者
5位	医師	芸術家
6位	教師	マスコミ関係者
7位	警察官	IT企業社員
8位	役所職員	会社経営者
9位	弁護士	飲食業者
10位	農業家	芸能人

印象全体に影響する重要な問題になってきます。

先述したように、最初はとりあえず「あたたかい」イメージを持たれることが大事でしたよね。ということは、はじめからあたたかいイメージの職業に就いている方は、ラッキーです。ありのままを説明すれば大丈夫。**気の毒なのは、勝手に冷たいステレオタイプをつくられてしまった職業の方々です。**

では一体、どんな職業があたたかくて、どんな職業が冷たいというのでしょうか？　もちろん、これに関しても、ちゃんと調査がされてあります。対象は20代から50代の男女２０４名。図表３の結果をちょっとドキドキしながらご覧ください。

これを見ると、大雑把には、「あたたかい職業＝人の役に立つことがメインの仕事」「冷たい職業＝個人的理想や利潤の追求がメインの仕事」というステレオタイプの存在が浮き彫りになってきます。もちろん完全に偏見ですけどね。でも、みんながこう思っているのだからしかたない。

ということは、（私も含めて、）冷たい職業グループに属してしまっている人は、一体どうしたらいいのでしょうか。

それは、まあ半分ウソでもいいから、「**自分は私欲もあるけど、どちらかと言うと世のなかのため、人のためになることを願って働いている**」というメッセージを、会話にさりげなく漂わせることかもしれません。

私の場合、男性から「ねえ、仕事は何をやってるの？」と聞かれて「心理学者よ」なんて、そのまま答えたら、まず99％ひかれます。どうも、「心を読まれそう」「だまされそう」なんていうステレオタイプがあるらしい……。

ところが、「心のカウンセリングの仕事。悩んでいる人に役立つといいな、と思って心理学の研究もしているの」という言い方に変えると、驚くほど好感度が上がります。じゃあ僕にも優しくしてくれそうと期待されるのかしら。それもまた偏見なのに。

何はともあれ、第一印象の前にたちはだかる第ゼロ印象、これは本当に手ごわい。とくに職業に関しては、かなり勝手なステレオタイプを持たれていることを忘れないで下さい。

初対面の人から「お仕事は？」と聞かれたとき、あなたはいつもどんな答え方をしていますか。「ご趣味は？」「休日は何していますか？」と聞かれたときはどう答えますか。ここで、ただストレートに答えてしまうのは工夫が足りませんね。

何気ないやりとりのなかで、いかにあなたの「あたたかさ」を演出するか……これ、あらかじめキチンと準備しておいて下さい。自己紹介のときに、かなり差がつきますよ。

自分の「メロディ」を知ろう

さて、ここまでは、とくに「あたたかい」「冷たい」という2つのキーワードに焦点をあててお話してきました。この2つの形容詞が、印象づくりにおいてとても重要な役割を担《にな》っていることを、どうしても強調したかったからです。

とは言え、ご承知のとおり、人の印象ってそこまで一元的なものではありません。

単なる「冷たいだけの人」はどこにもいない。たとえば、「彼女は明るくて、頼もしくて、少し冷たいけど、かわいい」というような感じで、人物像は、複数の形容（動）詞が立体的に積み重なって、つくられていくものです。

つまり印象とは、その人のことを表す形容（動）詞が音符のように連なって、1つのメロディを奏《かな》でているようなもの。

さて、ここで、あなた自身の印象について考えてみてください。あなたという人は、一体どんなメロディを奏でているタイプなのでしょうか。初対面の相手にかもしだしているイメージ、もし音楽にたとえるならどんな感じになるのでしょうか。

ここで提案。世界的にも有名な3つの楽曲、「雅楽」、「ゴスペル」、「フラメンコ音楽」でちょっと考えてみませんか。ご存知のように、この3つの音楽は、それぞれまったく異なる歴史的、文化的背景を舞台として生まれたものだからです。

ですから、互いにぜんぜんちがう、独特の雰囲気やテンポを持っています。さて、この3つのなかで選ぶとしたら、あなた自身のイメージは、どれに一番似ているでしょうか。

なんて突然聞かれても、そんな抽象的なこと、判断しかねますよね。しかし、現時点での自己イメージを認識しておくこと、これはすごく大切なことなのです。それが明確になってはじめて、あなたのどういう点を改善し、どういう点を伸ばしていくべきかわかるのですから。

というわけで、もう一度がんばって。あなたは雅楽、ゴスペル、それともフラメンコ？……この問題を、もう少しだけ考えやすくしてみましょう。そのために、大学生108名を対象としてこんな分析をしてみました。32、33ページをご覧ください。

調査協力者には3種の音楽を聞いてもらい、その後、メロディについて感じたことをなるべくたくさん紙に書き出してもらいました。グラフは、そのなかから形容（動）詞で表現されているものを、拾い集めてカウントし、1位から5位までを集計したものです。

さあこれで、「メロディ」という本来は形のないものを、形容（動）詞という「言葉」に置き換えて表現することができました。前よりは、かなり考えやすくなったはずです。あなたはどのタイプに近いでしょうか。

やわらかな雅楽的印象か、生き生きしたゴスペル的印象か、それとも憂《うれ》いをおびたフラメンコ的印象か。できれば、自己評価だけではなく、何人かの知り合いに聞いてみたほうが正確です。

ちなみに、日本人における各タイプの人口比率は、**「雅楽な人：ゴスペルな人：フ**

図表4 雅楽の印象

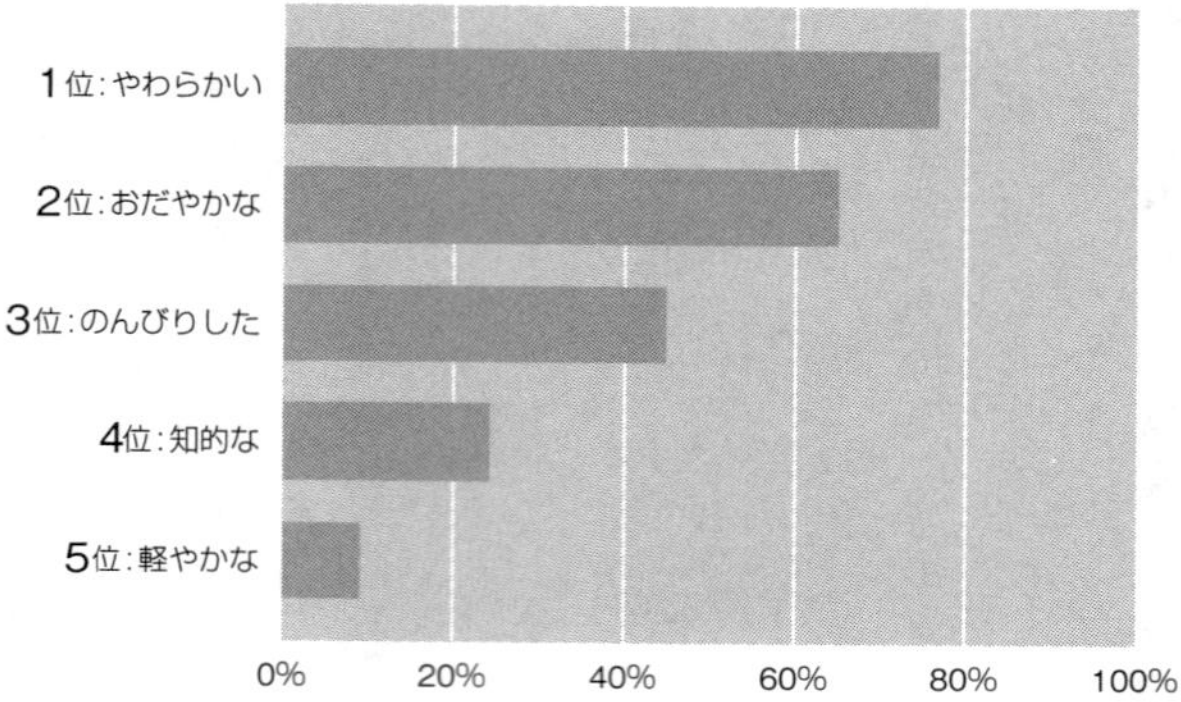

図表5 ゴスペルの印象

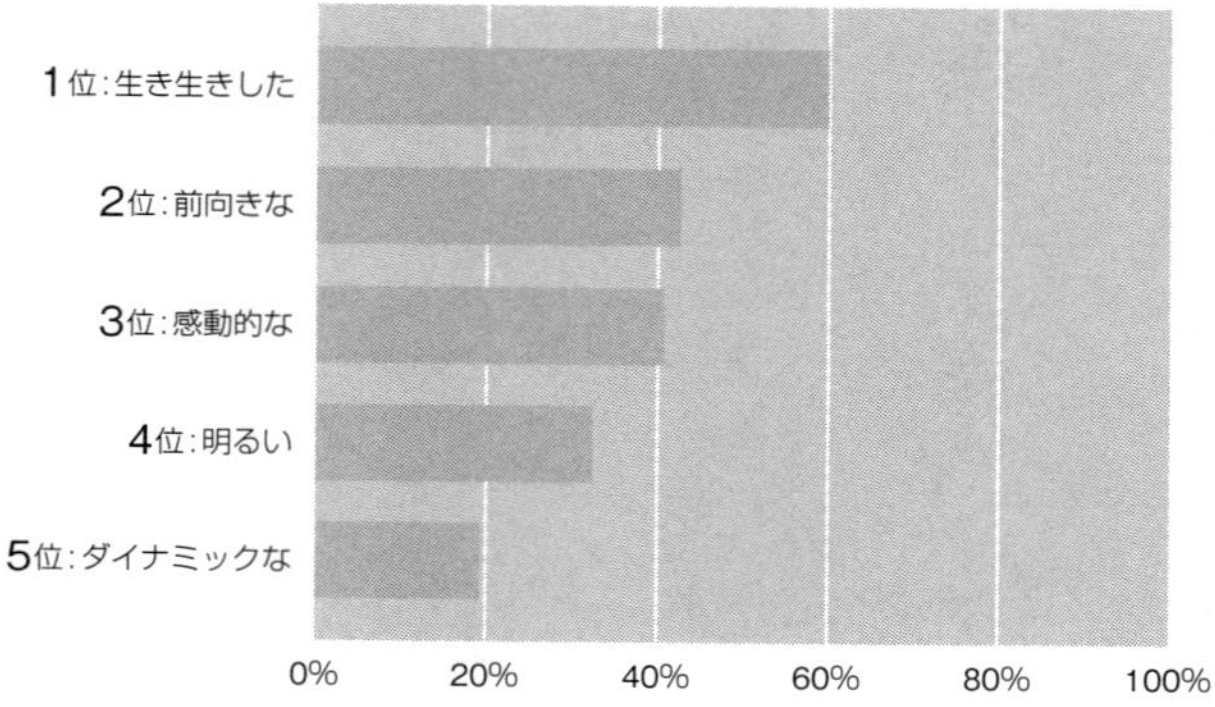

図表6 フラメンコ音楽の印象

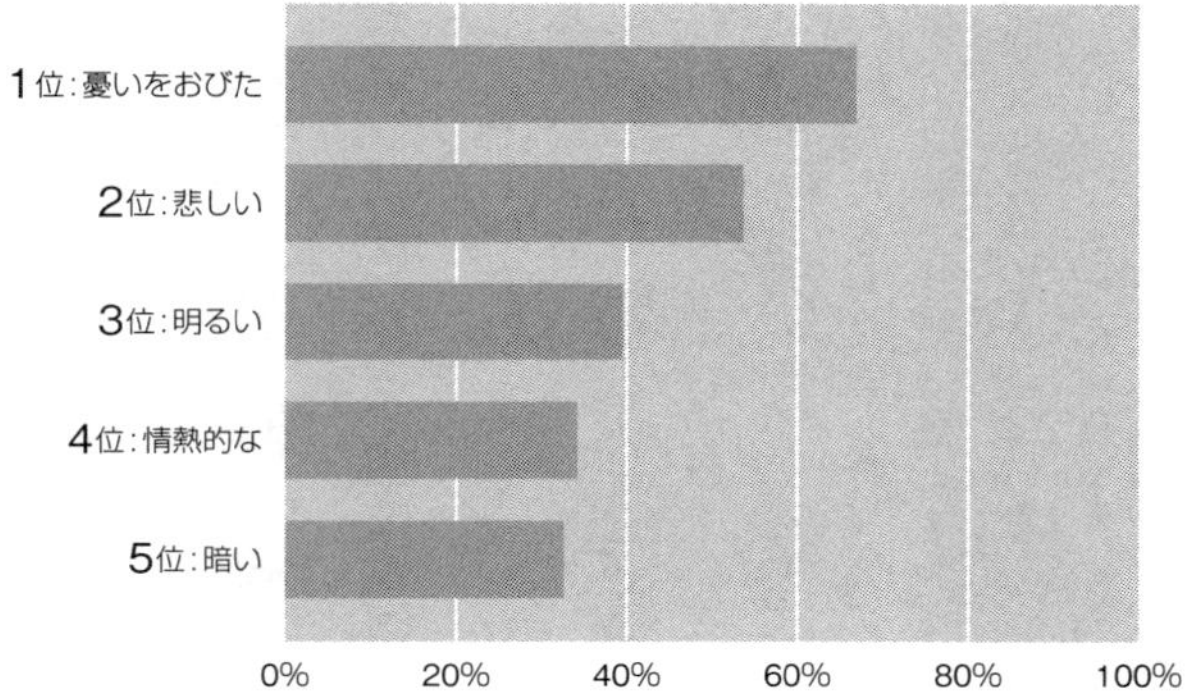

ラメンコな人＝6：3：1」という結果になるそうです。

日本では、やわらかくておだやかな、雅楽的印象の人が半数以上を占めているみたいですね。「あの人ともう一度会いたい！」そう思わせる印象が、そういう雅楽的なイメージの人なのかどうか……それはまだ秘密ですが……。

安らぎを与えても記憶に残らない、雅楽な人

雅楽的印象の人の特徴は、「やわらかい、おだやかな、のんびりした、知的な、軽やかな」……いわゆる癒《いや》し系に近い感じでしょうか。どちらかと言うとまったりした雰囲気を持ち、ソフトな物腰で人に接しようとするタイプです。さっきも書きましたが、日本ではこの雅楽的印象の持ち主が、半数以上を占めています。

たしかに、周りを見てみると、このテの人がすごく多い。私は仕事上、授業、カウンセリング、取材などで毎日たくさんの初対面を経験しますが、6割どころか、7〜8割の方がこれに該当するような気がします。

この現象は、おそらく「日本人の美徳」のなせる業だと思います。自分の感情をむき出しにしてはならない。初対面の相手を驚かせたり、まごつかせるようなことをし

てはいけない。アメリカ人の好きなサプライズ・イベントなんて、もってのほか……そういう美意識。

　とくに「日本は美徳教育が徹底しているな」と強く感じさせられるのが、病院でカウンセリングをしているときです。

　患者さんは、わざわざ病院に出向いてまで心理相談をしに来ている。ということは、悩みや苦しみで追い詰められていて、私に聞いてほしいことがいっぱいあるはず。それなのに、みなさんどうしたことか、はじめは必ずと言ってもいいほど、やわらかい雅楽的印象から入ってくるのです。

　いきなり矢継ぎ早に喋《しゃべ》りたてたり、泣き出したり、攻撃的になったりする人には、不思議なほどお目にかかりません。これは、欧米でのカウンセリングと大きく異なるところ。まあ、こういうおだやかで謙虚な雰囲気って、日本人としてはたしかに礼節をわきまえていて、美しいと思います。

　しかし本音を言うと、カウンセラーとしてはちょっと困ってしまう。なぜなら、彼らと心から打ち解け合うのに、時間がかかりすぎてしまうからです。真正面から本音を語り合わなければ、心理療法はうまくすすまないのに。こちらとしては、「感じのいい人だけど、何かやりづらい」というのが正直な感想です。

さてここで、「印象は2分でつくられる」という、この本のテーマに戻って考えてみましょう。最初の2分で雅楽を奏でるタイプの人は、相手に安心感やリラックス感を抱かせているのですから、当然、「穏当でやさしい人」と、だれからも好印象を持たれることは間違いありません。

合コンなどで一定の不動票を獲得するのも、いかにもおだやかな感じのこのタイプでしょうね。感情表出の変化がゆるやかで、なんとなくのんびりした気分にさせてくれる雅楽。「この人とだったら、ずっと一緒にやっていけそうだ」、そういう気分にさせるのが得意なはずです。

しかし、ここで1つ、残念なご報告をしなければなりません。**最初はだれからも好印象を持たれる雅楽タイプですが、そのあと一番早く飽きられ、記憶に残らなくなってしまうのもまた、雅楽的印象の悲しい運命なのです。**

心理学には「馴化《じゅんか》*」という言葉があります。どんなにやさしく心地よいものであっても、くり返し接するうちに馴《な》れてしまって反応しなくなる。これは、生後数週間の赤ちゃんにも認められる、人間の本能的メカニズムです。

赤ちゃんにとっては、一番はじめの馴化の対象はお母さん。最初はお母さんが人生のすべてだった赤ちゃんも、数ヵ月もたてば、お母さんを安全基地として、もっとほかの「刺激的なモノ」探しへの旅に出るようになります。つまり、新しいおもちゃとか、お友だちのほうに関心が向くようになるのです。

もうお気づきかもしれませんが、雅楽的な印象の人は、しだいにこの「お母さん」みたいな役割になってしまうわけです。最初はずっと一緒にいたいと思うのだけど、そのうちになんだか卒業したくなってしまう。すごく心地いいけど、それだけでは何か物足りないように感じられてしまう。

そのうえ、このタイプの人は、先ほどカウンセリングの例を挙げて書いたように、心から打ち解け合うのにも時間がかかりすぎる。だから、本当はどんな人なのかも理解してもらえないまま、一方的に飽きられてピリオド……なんていう展開も少なくないのです。

つまり、雅楽タイプの印象づくりは、一見よさそうなんだけど、今ひとつ何かが足りない。人間ってぜいたくですね。

元気を与えても後で息切れする、ゴスペルな人

ゴスペル的印象の人の特徴は、「生き生きした、前向きな、感動的な、明るい、ダ

イナミックな」……まるで、太陽のように光り輝く力強いイメージ。初対面でこの印象を打ち出す人も全体の3割と、少なからずいらっしゃるみたいですね。

このゴスペルな人には、雅楽とはまたぜんぜん違った魅力があります。映画「十戒」に出てくるモーゼのように、「この人についていったらうまくいきそう」「この人を信じていたら幸せになれそう」と人々を奮い立たせ、引っ張っていくパワーを持っています。

自己心理学者のコフートによると、実はこのパワー、人間であればだれしも、一生涯求めてやまないものと言われています。どんなに気丈な人であっても、みんな、モーゼみたいな力強い理想対象を欲しているのです。

幼い頃は、主にお父さんがこの役割を担《にな》うと言われています。しかし大人になると、だんだんそういう対象が身近にいなくなり、甘えられる相手も少なくなってきますよね。だから、「黙ってついてこい！」みたいな雰囲気には、実はインテリをきどる大人ほど、弱いものです。

ちなみに、かく言う私も、ゴスペル的男性には常時フラフラぎみ。とくに、何か迷いのあるときとか、ちょっと気の弱っているとき、こういう人に「植木さん、どうしたの？　こっちおいでよ！」なんて、こぼれそうな笑顔で言われると、心理学者とは思えない浅はかなハマり方を露呈してしまうことも……。

とにかく、弱っているときに無性に会いたくなるゴスペルな人。それでは、印象づくりの王様はゴスペルに決定か。残念ながらそうとも言い切れません。これにも、大きな欠点があるのです。

その欠点とは、この印象を打ち出すタイプは、「他人から、都合よく利用されやすくなる」ということ。一目ぼれ的、熱中症的な人気は得られるものの、ひとたびこのキャラを演じてしまうと、本人的には後々しんどくなってくるでしょう。

人間って本当に身勝手なもので、一度大きな期待をかけた相手には、とことん要求が大きくなっていくもの。**だから第一印象で、カリスマだとか、運命の人だとか、天才あらわる、なんて絶対に思われないほうがいい。**

一度カリスマをきどってしまうと最後。なんでもできて当たり前、できないと一気に失望されて捨てられる……この悲しい運命が待っているだけです。それに、一度モーぜっぽくなっちゃうと、面倒くさいことや厄介な仕事も、何か断りづらくなってしまうじゃないですか。

ワーッと祭り上げられたはいいが、その後さんざん期待され、利用されて、それに応《こた》えようと四苦八苦。それなのに、ちょっとの失敗で急にがっかりされて、干されてしまう。その挙句、「燃え尽き症候群」やうつ病になって病院に通う、そんな方も最近増えています。

今から書くことは、ある意味、すごくズルイ考え方かもしれません。が、それを承知であえて言わせていただきます。

ゴスペル的な友人やパートナーを持つこと、これは本当におすすめしたい。だって必要なときに、あなたに元気や勇気を与えてくれる人だから。そういう相手のことは、どうか大切にしてください。しかし、何もあなた自身が、これほど損な役まわりをひきうける必要はないのです。

目指すのは、「もう一度会いたい」フラメンコな人!

さて、ここまで雅楽的印象とゴスペル的印象について考えてみましたが、どちらもまあ、一長一短というところでしたね。

やわらかくてやさしい雅楽と、生き生きとした力強いゴスペル——この2つは、ある意味、対照的な特徴を備えていると言えます。しかし実は、これらには大きな共通点があるのです。一体、どんなことだと思いますか。

それは、どちらのタイプとも、「相手を完全に満足させてしまう」ということです。一貫してとことんやさしいか、とことん前向き。これって相手を安心させ、信頼感を得られるので、いいことだと思われがちですが、心理学的には、全然いいことではありません。

ここで一度、あらためて確認しておきましょう。最高の第一印象とは、相手に一体どう思われることなのか、ということを。

それは、雅楽タイプのように「なんだかずっと一緒にいたいな」と感じさせることでもなければ、ゴスペルタイプのように「困っているときに導いてくれそう」と思わせることでもありません。その程度の漠然とした好印象では、そのインパクトが持続しないのです。

第一印象で確実に思わせなければならないこと、それは、**「とにかく、なんとしてでも、もう一度会いたい」**、これに尽きると言えます。だって、商談であろうとデートであろうと、とにかく「次回」につなげられなくては、いくら「いい人だった」と思われたって意味がないのだから。

好印象を抱かせるということは、最初の2分で、「この人ともう一度会いたい」と強く思わせることと言えます。そして、フラメンコ的印象をかもしだせる人こそが、まさにこれに該当するのです。

ここで、フラメンコ音楽の印象をつくる形容（動）詞を、もう一度見てください。すごく複雑です。だって、「情熱的な、明るい」という赤いイメージと、「憂《うれ》いをおびた、悲しい、暗い」という黒いイメージが、みごとに混在しているのだから。

情熱的なのに、どこか物憂《ものう》くて暗いところもある。フラメンコ的印象の人は、はたから見るとかなり矛盾に満ちた存在です。しかし、この「矛盾」こそが、相手にとてつもなく強い印象を植えつけるための、最大の武器であると言えるのです。

心理学では、このような矛盾のことを**「認知的不協和」***とよんでいます。人は、不協和音にもっとも反応し、好奇心をあおられ、忘れることができなくなる。どんなに美しい協和音も、矛盾をはらんだ不協和音ほどのインパクトは残せないのです。

このイメージの人は、雅楽的印象やゴスペル的印象の人のように、決して、相手を完全に「満足させる」ことがありません。つかみどころのない、不完全燃焼のような心残りを感じさせます。だからこそ、「とにかくもう一度会いたい」という情動を喚起させることができるのです。

それに、フラメンコ的印象は人口比率が1割と、とても希少価値が高い。だからなおさら、すごく重要な人物に出会えたというイリュージョンを、相手にひきおこします。

これで、最初の2分でどういうイメージを目指すべきなのかという、だいたいの方向性が見えてきたのではないでしょうか。

とにかく、ただの「いい人」はすぐに忘れられてしまう。ときにはフラメンコの踊り子のように、矛盾をはらんだ赤と黒のイメージを、巧みに、そして矢継ぎ早にくり出さなければ、印象づくりのプロフェッショナルとは言えないようです。難しいものですね。

この人とはどうしても、もう一度会わずにいられない——相手にそういう情熱をひきおこさせるには、一体どうすればいいのでしょうか。その具体的なノウハウについては、あとの章で詳しく分析していくことにしましょう。

第2章
「もう一度会いたい」人になれる心の準備体操

フラメンコはめったに踊らない

最初の2分で、いかにフラメンコ的印象を相手に与えるか。第1章では、これが好印象をマスターするための必須《ひっす》条件であることをお話してきました。

じゃあ具体的にどうしたらいいのか……？　これ、早く知りたいですよね。でも、もう少し待って下さい。そのノウハウをご紹介する前に、どうしても押さえておかなければならない、いくつかのポイントがあるのです。

これをきちっとクリアしなければ、いくら壮麗にフラメンコを舞ってみせたとしても、ぜんぜん功を奏さないのだから。

ということで、この章では、印象づくりを試みる前段階として、ぜひ知っておいてほしい基本ルールをご紹介します。そして後半では、そのルールを踏まえて編み出された、いくつかの「心の体操」を伝授いたします。

体操と言っても、動かすのは体じゃなくて頭と心。紙と鉛筆があればできる簡単なものなので、私はこの心の体操をほぼ毎日やっています。印象づくりの具体的なノウハウは、その方法をマスターしたあとで！

それではさっそく、もっとも初歩的なルールの解説からはじめましょう。ここで初《しょっ》端《ぱな》から、あえて強調しておきたい注意事項を。それは、「フラメンコはめったに踊ってはいけない」ということです。

詳しくは後ほどお話しますが、フラメンコ的な印象づくりのなかには、相手の記憶に残る強力な作用が、たくさん盛りこまれています。だから、かなりの高確率で「なんとかしてまた会いたい」と相手に思わせてしまう。本当ですよ。

ですから、この本を読んだあとに、いくら有能なフラメンコダンサーになったからと言って、すべての初対面の人に、やたらとこれを披露してしまうと、ストーカーを作ってしまう危険性も……。

それに、会う人みんなに同じような態度をとるよりも、むしろターゲットを1人に絞ってガツンとがんばったほうが、インパクトも強まりますよね。だから、印象づくりを完全に習得したとしても、どうか、その能力を出し惜しむ「余裕」を忘れないでください。

とくに、ミーティングや合コンといった、小人数での集いではご注意を。こういうところで、メンバー全員に対して全力のフラメンコを披露するなんて、もってのほか。好印象をマスターしたばかりの初心者や、中途半端に社交に自信がある人に限って、周囲の空気を読まずに、テンパってとにかく自分を売り込もうとしてしまいがちです。

本人としては気を配ったつもりでも、そういうシチュエーションでは「なんか出しゃばってきて、ウザいんだけど」なんて思われるのがオチだから。前にも触れましたように、日本人には、「やわらかでおだやか」を最善とし、和を重んじる美意識が、ベースとなっていることを忘れてはいけません。

では、真に好印象をマスターするのに必要なものは何か。それは、つねにTPOに合わせて、臨機応変に印象づくりのモードを切り替えられる技術。つまり、必要に応じて、あるときは雅楽的な雰囲気をかもしだし、またあるときはゴスペル的な存在にもなれる技術なのです。

そして、「ここぞ！」というポイントでのみ、もっとも強力なフラメンコ的印象を、くり出すことができなければダメなのです。これは、けっこう難しいですよ。どういう見せ方を、どんな順序で演出するべきか……。前もって自分の性格を知り、状況を想定して、少し計算しておく必要があります。

たとえば、仕事の打ち合わせや商談などでは、フラメンコ的印象から入るよりも、むしろ、いきなりゴスペル的にふるまうほうが、その場をとり仕切る優位なポジションに立てるでしょうね。

しかし、合コンやお見合いパーティなどの恋愛モードのときには、最初は雅楽的な印象から入ったほうが、ひとまず一定レベルのモテを確保できるかもしれません。

そして、そのなかで、「この人とは、どうしてももう一度会うチャンスがほしい！」と、あなたの目にビッと留まった相手にだけ、打って変わってフラメンコの集中砲火を浴びせるのです。ですから、その瞬間が訪れるまで、めったやたらに踊ってはいけないのです。

フィーリングが合わない相手を探せ

さて、それではどんな相手にフラメンコをしかけるか。この選択には、相当の眼力が必要となります。

とりあえず一番ダメだと思うのが、「私はフィーリングで決めます」と、得意げに断言する人。

たしかにそういう出会いって、最初はちょっとロマンティックかもしれません。でも、そんなはじまり方をしたパートナーシップって、バッと燃え上がるんだけど、ほとんどのケースが短命に終わってしまうようです。

それはなぜかと言うと、「フィーリングで決める」ことイコール、自分とレベルが同程度で、自分のアイデンティティとかコンプレックスを脅《おびや》かさない「安全パイ」を選ぶ、ということだから。

人はだれしも、フィーリングにゆだねて人選をすると、いつの間にか自分と「似たり寄ったり」の人をピックアップするもの。まあ、これは仕方のないことです。だってそのほうが、よくも悪くも刺激が少なくて、メンタルヘルス的に安寧ですものね。「フィーリングが合う」とは、心理学的には、そういう無意識の回避願望を含んでいます。カッコイイ言葉ではあるけど、実は、心地よい場所への逃げでもあるわけですね。

ここでちょっと思い出してみてください、「馴化《じゅんか》」というキーワードを。こういう安定した心地よさって、結局は飽きてしまうんでしたよね。似たものカップルの離婚率は異様に高い。仲良しＯＬで盛り上がって通いはじめた料理教室は長続きしない。切磋琢磨《せっさたくま》がないから張り合いがないのです。

まあ、こういう「つるむ」感じのパートナーや友人も大切だし、一緒にいたら楽しいとは思います。しかし、これって、わざわざ努力して好印象をマスターしてまで、狙《ねら》い落とすほどのものではないと思うのです。

つまり、「フィーリングが合う」程度の相手に、苦労してフラメンコ的印象を与えても、あなたにたいした利益はない。そう言い切ってもいいと思います。

それに、ちょっと厳しいデータですが、似ている人ばかりで固まっている集団って、だいたい仕事ができない、成績が悪い、進歩がない、異性からモテない。これ、アメリカの男性会社員を対象とした調査でも証明されているんですよ。

だから、フィーリングという蓑《みの》に隠れて、生ぬるい仲間うちだけで肩を寄せ合うのは、もう卒業してください。あなたを本当に進歩させ、充実させてくれるのは、残念ながらそういった人ではないのです。

苦しいほどのライバル心をかきたててくれる人。そして、やるせないほどのジェラシーを感じずにはいられない人。

そういう人こそが、あなたのなかで本質的に欠けている「何か」を補ってくれる、運命の人なのです。「なんとかしてもう一度会おう」とアクセスするべき人とは、実はそういう相手なのです。

最初はちょっと抵抗があるかもしれないですね。でも、そういう人を見つけたら、「なんて幸運なのだろう」と考えるべきです。それは恋人でも友人でもビジネスパートナーでも同じ。

ひとかけらのジェラシーも感じられない安気な相手とは、表面的にはうまく流れたとしても、心理的に深い人間関係を築いたり、成長し合ったりすることはできません。そして、結果的には関係が長続きしないのです。

ここで、優秀なパートナーを見つけるヒントを、1つだけお教えしましょう。それは、なぜかいつも1人で行動している、ミステリアスな人に注目してみることです。

あなたの周りに、よく見ればとても魅力的であるにもかかわらず、不思議と友人が少ないように見える人はいませんか。

いつも飄々《ひょうひょう》としていて、孤高の月のように空高くポツンと、しかし青白く光り輝いている人です。

そういう人は、群れなす一般大衆から暗黙のジェラシーや反感をこうむり、その結果として、単独で行動しているというケースが少なくないのです。

私は、いつもそういう人を探しています。長く深いつき合いになる親友や恋人には、そんな孤高の月タイプが多い。もちろん、フィーリングが合って、ちょっとつるんでいる仲間もいないわけじゃありませんが。

だから、いつでも自分のコンプレックスを目の前につきつけられ、ジェラシーをあおりたてられている状況。話せば話すほど、自分のなかの何かが壊され、そして何かが磨かれていく。そういうとき「この人と会えてよかったなあ」と実感し、心から幸福を感じます。

長い目で見たときに、本当に必要になってくるパートナーは、あなたと似ている人ではありません。むしろ**共通点が少なく、ジェラシーをあおられる何かを持っていて、あなたと相互補完的な関係になれる人を、なるべく身近に置くべきです。**

そういう適切なパートナーを探す眼力を育てるのはすごく大事なことです。だから、せっかくの出会いのときに「フィーリング」なんていう当てにならない感覚を、そんなに大事にしてはならないのです。

出会いを求めると「好かれ」ない

「先生って男友達多そうですよね。どなたか紹介してくださいよ。もう本当にどんな人でもいいですから」

これ、女性誌で恋愛心理の取材を受けるたびに、必ずと言っていいほど、妙齢の独身女性記者から発せられる言葉です。冗談まじりではなく、けっこう真剣なまなざしで。

しかも、取材されるテーマも「出会いの心理大特集！」みたいなのが、最近すごく多い。一刻も早く恋人がほしい、結婚がしたい……。口には出さなくても、心のなかでそう切望している女性がなんと多いことか、びっくりするほどです。

「だれでもいいから紹介して」。そういう恥も外聞も捨て去った感じのお願いを聞いていると、「この人、本当に真剣なんだ」と、思わず感心してしまうことがあります。もちろん、同世代の女性として共感もします。しかし、そういう女性に、私は決して男性を紹介しません。

別に、イジワルしているわけではないのです。それには大きな理由があるのです。彼女たちにはいつもこう言って聞かせています。「今はやめておいたほうがいいです。そこまで出会いを渇望しているときは、絶対に幸せになれないから」

先ほど、「フラメンコ的印象を披露するときは、そのターゲットを絞らなければならない」という話をしましたよね。それと同じく、披露する「タイミング」のほうもきちんと絞りこまなくては、かえって痛い目にあってしまうのです。

そして、その一番まずいタイミングというのが、まさに彼女たちのように、性急な出会いを、ガツガツに渇望しているときと言えます。

たしかにパートナーがいないのはさびしいときもあるし、焦《あせ》る気持ちもわかる。でも、「とにかく1人でいるのがイヤ」、そういう焦燥感にかられているあいだは、ろくな出会いがないと考えてください。

その理由は2つ。まず、あわてて相手を探している様子って、はたから見てバレバレだから。本人がいくら冷静をきどっていても、「この人はとにかく結婚したいんだな」とか、ビジネスだったら「とにかくこれを売りこみたいんだな」という焦りは、少し会話をすれば、だれの目にもうっすらと透けて見えてくるものです。

そういうときは、本人がどんなにがんばって印象づくりにいそしんだとしても、不思議なほど好かれない。渇望する姿って、魅力的に見えないのです。それを感じとられると、反対に相手の心はどんどんひいてしまう。

これ、「追われると逃げたくなる」という人間関係の基本のキではありますが、心理学では**「リアクタンス」***とよばれて実証されている現象です。

そしてもう1つ。渇望しているときは、だいたい相手を見間違います。とにかく寿《ことぶき》退社したいOLが飛びつく結婚相手、とりあえず今の会社をやめたい人の転職先、今すぐ幸福になりたい人が通う詐欺《さぎ》まがいの新興宗教。これですごくハッピーになったという話を、私は聞いたことがありません。

人は焦ると、ろくな判断ができなくなります。これは、渇望しているときの身体《からだ》のコンディションについて思いおこしてみれば、よくわかります。

とにかく出会いがほしい、早く成果を出したい……。フツフツとそう考えこんでいるときの身体って、いつもより体温がちょっと高いでしょう。そして脈拍が速めで、心拍音も大きくなるでしょう。これってまるで、すでに大恋愛している最中の身体みたいだと思いませんか。

だから、そういう心身のコンディションで目にしたものは、すべて魅力的に見えてしまう。つまり、勘違いが起きてしまうのです。相手が魅力的だから、ドキドキしているのではない。出会いを焦ってドキドキしているから、なんでも魅力的であるように見間違えてしまう。

人間の感情って、頭で論理的に考える部分だけではなく、こういう身体の反応からの勘違い、という2つのメカニズムによって形づくられています。これ、心理学では「情動二要因理論*」といって、たくさんの実証例が挙げられています。

こういった理由で、私は、焦っている女性記者には男性を紹介しません。うまくいかないことが、もう、明々白々だから。

でも、仕事でも恋愛でも、一波乱こえてむしろあきらめモードになっている人や、仕事や趣味がとても充実していて余裕がある感じの人には、安心してキューピット役をひきうけています。

だから、好印象を身につけられるようになったら、ぜひご自身の心のコンディションに敏感になってください。タイミングの悪いときに焦って相手を見間違えて、ハズレ男やハズレ女、ハズレ会社（?）を全力で魅了しても、あなたの大切な時間をムダにするだけですから。

心の準備体操をしておこう

さて、ここまで、好印象をマスターする前の基本ルールについて、いくつか解説してきました。

・フラメンコはめったに踊らない。
・フィーリングが合わない相手を探せ。
・出会いを求めると「好かれ」ない。

つまり好印象をマスターしたら、そのぶん、フラメンコ的印象をかもしだすタイミングやターゲット、そして自身のコンディションにも注意を払う必要が出てくるのです。

そこで、この3つのルールをしっかり習慣化していただくための「心の体操」についての話に移ろうと思います。フラメンコ的印象のノウハウを習得する1つ前の段階として、あなたの頭や心のなかをきちんと整理整頓《せいとん》し、コンディションを万全にしておく必要があるからです。

いくらフラメンコ的印象を身につけたとしても、この「心の体操」を省いてしまっては形式上は魅力的にふるまえるようになっても、真の意味での好印象な人にはなれないと考えます。すると、前述したように、実践場面でかえってうっとうしがられたり、誤って痛い目にあったりしてしまうのです。

それでは、一体どんな「心の体操」が必要なのでしょうか。それは全部で3つのコースから成り立っています。まずは、**「頭がよくなる体操」**、そして**「性格がよくなる体操」**、最後に**「心をきれいにする体操」**です。

この3つの心の体操は、うつ症状や不眠などで来院される患者さんにも、積極的におすすめしているものです。考え方や性格を変えて心を満たすことができれば、好印象をマスターする基盤ができるだけでなく、あなたのメンタルヘルスにも役立つ、こういううれしい副作用もついてくるのです。

さて、「頭がよく」とか「性格がよく」なんて偉そうに書いていますが、それって心理学的にはどんな状態だと定義されているのでしょうか。これから、1つずつ説明していきましょう。

まず、心理学的な意味での「頭のよさ」とはなんでしょうか。それは、論理的、客観的に物事をとらえることができる力のことをさしています。

先ほど、「フラメンコはめったに踊らない」ということを説明しましたよね。習得したフラメンコ的印象をいつ、どこで、だれに披露するべきか。そのTPOを的確に判断するためには、こういった論理性と客観性がどうしても必要になってくるのです。

次に、心理学的な意味での「性格のよさ」とはどんな状態でしょうか。それは「外向的」で、かつ「情緒が安定している」パーソナリティのことをさしています。

「フィーリングが合わない相手を探せ」という話をしましたね。フィーリングに流されず、好印象を与えるべきターゲットをしっかり選ぶためには、この**「外向的・情緒安定型」のパーソナリティを育てておくことが大切**になってきます。

最後に、「心がきれい」とはどんな状態なのでしょうか。それは、「自己愛」がじゅうぶんに満たされている状態のことをさしています。

「出会いを求めると『好かれ』ない」という話をしましたね。渇望感や焦燥感にとらわれず、ゆったりとした気品をかもしだすためには、この自己愛の充実が必要不可欠となってきます。

「1人でいるのがとてもつらい、とり残されるのが怖い」などと訴える患者さんには、この「自己愛」に関してなんらかのトラブルを抱えているケースが少なくないものです。

ですからぜひ、これから紹介する「心の体操」を習慣にして論理的な思考力と、外向的・情緒安定型の性格、そして自己愛の満たされた心を育《はぐく》んでいきましょう。心身のコンディションを万全に整え、そのうえで、はじめてフラメンコ的印象づくりのノウハウを学ぶのが、ベストプロセスだと思います。

頭がよくなる「心の体操」

①ポジティブ・シンキングをやめる

さて、「頭がよくなる」とは、論理的・客観的な思考ができるようになるということでしたね。

一般的に「あいつって頭いいよな」と噂《うわさ》される人って、おおむね論理的な話し方に長《た》けていたり、客観的なものの見方のできる人じゃないですか。そう言うと小難しく聞こえてしまうかもしれませんが、実はちょっとしたトレーニングで、だれでもその境地に近づくことができるのです。

頭をスッキリさせて、論理的にふるまえるようになるためにもっとも大切なこと。それはまず、今すぐ「ポジティブ・シンキング」の習慣をやめることです。

巷《ちまた》でこんなにポジティブが信奉されているさなか、この人はいったい何を言い出すんだと、いぶかしく思われているかもしれませんね。でも、心理学者としては、「ポジティブ・シンキング反対！」と、声を大にして言いたい。

だって人間の脳の構造を考えたとき、そんな不自然なこと、絶対に無理に決まっているからです。

人の気分って、いつも元気いっぱいなわけじゃないでしょう。カラーにたとえると、レッド（怒り）、ブルー（憂鬱《ゆううつ》）、グリーン（平穏）、オレンジ（元気）などなど、5、6日おきくらいを目安に、微妙に移り変わっていくのが、むしろ自然なことなのです。

なぜなら、その変化は、人間にとってとても大切な「シグナル」の役割を担《にな》っているから。たとえば、わけもなくブルーな気分のとき、それは心身の「休憩しないと胃《い》潰瘍《かいよう》になるよ」という警鐘かもしれない。やたらとレッドが続くときは、「リラックスしないと心臓が危ないよ」という悲鳴かもしれません。

そういう気分のときに、「ポジティブ・シンキングをしなさい」とアドバイスされるのって、「気分がブルーであろうとレッドであろうと、とにかくオレンジに変えて元気出しなさい！」と、弱っている脳にムチ打っているようなもの。

それはもう、無茶というものです。そういう考え方を習慣にしていると、心身の大切なシグナルを見逃して、いつか必ず大きな病気にかかってしまうと危ぶまれます。そして、「今日はいいスマイルが出なかった」「エネルギーがイマイチだった」というような、まったく必要のない自己嫌悪《けんお》にかられて、憂鬱になったり不安になったりするのです。そうなってしまうと、論理的・客観的な思考からはもう程遠くなってしまいます。

ですから、まずはその日の心のカラーを、冷静に、そして正確に把握することが不可欠なのです。それがうまくできてこそ、ものをじっくり考える余裕も出てくるというもの。なんでもオレンジに変えて突っ切っていこうなんて、実に不合理な話だと思います。

ということで、私は1分でできる「セルフ・カウンセリング」の実践をおすすめします。私の職業は心理カウンセラーですが、朝起きたときはいつも、額や胸に手を当てて、自分自身にもプチカウンセリングをほどこしています。

「なんだか気分がブルーだな。だから少しイライラしてるのね。昨日はグリーンだったのにね。少し疲れが出てきたのかな。今日は無理に新しい仕事を入れたり、友だちと騒いだりするのはやめておこう。資料整理とかに没頭して、早めに帰宅しましょうね」みたいに、自分に言って聞かせるのです。

あらためてこう再現してみると、なんだかかなり変な人みたいですが、このひと手間が効果絶大なのです。勇気を出して、ぜひお試しください。

ポイントは、心のなかにわきおこる自然なカラーを、とにかく「完全肯定」してあげること。ブルーだったらブルーなままでいいのです。それを否定してオレンジに変えようとするから、イライラする、疲弊する、不安になる。その結果として、頭がモヤモヤして、思考もまとまらなくなってしまうのです。

しかし、こういうセルフ・カウンセリングを習慣にしている人は、その日がどんなにツライ気分であろうと、できる範囲の仕事を淡々と、しかも無理なくナチュラルにこなすことができるでしょう。すると結果的に、はたから見たら「いつでも論理的で聡明《そうめい》な人」というように、抑制のきいた頭のよい印象に見えるようになるのです。

頭がよくなる「心の体操」

②ダメな考え方を叩きこむ

図表7 ダメな考え方一覧表

❶	一般化	たった1つのできごとを、「いつも」「みんな」と極端に広げて考えていないか？	（　）
❷	結論の飛躍	実は確かな証拠もないのに、カチンときたり自己嫌悪に陥ったりしていないか？	（　）
❸	心の読み過ぎ	相手のささいな行動に、いちいち理由をつけてはムカついていないか？	（　）
❹	先読み	ずっと先のことを、具体的に想像しては不安になっていないか？	（　）
❺	感情の重視	なんとなくわきおこった感情にふりまわされて、これから起きる事態を予測していないか？	（　）
❻	すべき思考	何かやろうとするときに「～すべき」「～すべきでない」と考えていないか？	（　）
❼	自己関連づけ	実はあまり関係ないことなのに、自分にひきつけて考えていないか？	（　）

そして、頭がよくなるもう1つの心の体操。それは、「非合理的な考え方のクセ」をやめることです。

なんて、そんなこと言われたってピンときませんよね。ちょっと図表7をご覧になってください。これは、私たちが陥りやすい、非合理的な考え方のクセを集めたものです。

つまり、これは論理性と客観性をいちじるしく欠いた、「ダメな考え方一覧表」だと思ってください。ここに書いてあること、他人事《ひとごと》ではないはずです。あなたにも思い当たるフシがいくつかありませんか。1つずつ、確認していってみましょう。

まずは、**ダメな考え方①「一般化」**

たった一つのできごとを、大げさに広げて考えるクセです。たとえば、同僚を食事に誘って断られたということを、「自分はだれからも相手にされない」とか、「結局いつも嫌がられている」というように、拡大して解釈することです。

ダメな考え方②「結論の飛躍」

これは、確かな証拠もないうちから、なんらかの結論を下そうと躍起になるクセです。たとえば、最近恋人のメールの文面がそっけなくなった。ただそれだけのことから、「この恋はもう終わった」と早急に決めつけて、ドーンと落ちこむような事態をさします。

ダメな考え方③「心の読み過ぎ」

これは、他人のささいな行動にも、いちいち理由をつけようとする難儀なクセです。たとえば、上司に仕事の相談をしたけど、あまり相手にされなかった。そんなときに「上司は、私の業績などハナから期待していないのだろう」などと、やたらと心情を深読みすることです。たまたま忙しかっただけかもしれないのに。

ダメな考え方④「先読み」

これは、たとえばデートとか、会議でのプレゼンなど、大切なイベントのある数週間も前から、妄想的に負のイメージを膨らませて不安になることです。「プレゼンに失敗したら、後輩の誰々からこんな陰口を言われるんじゃないだろうか」というような。考えたって仕方がないとわかっているのに、そこから脱却できない状態をさします。

ダメな考え方⑤「感情の重視」

これは、自分にわきおこる感情を重視して、そこから状況を判断するというミステイクです。ちょっと難しいですね。たとえば、「こんなに不安で眠れないということは、明日の商談はよっぽどひどい失敗をするんだろう」というような、感情にふりまわされた不合理な推測のことです。

ダメな考え方⑥「すべき思考」

これはよくありがちだから、わかりやすいですよね。「若手社員は深夜まで残業すべきだ」とか「恋人にこんな話をすべきではなかった」というように、個人内で勝手に決めたルールにしたがって、行動をコントロールしようとする考え方です。

そして最後に、**ダメな考え方⑦「自己関連づけ」**

これは、いわゆる自意識過剰に近い感じ。よく考えれば関係ない事柄なのに、なんでも自分にひきつけて考えるクセです。たとえば「今回の合コンが盛り上がらなかったのは、自分のギャグが冴《さ》えなかったからだ」みたいに、勝手に1人で落ちこむようなケースです。

以上、代表的な「ダメな考え方」についてザッと挙げてみましたが、じゃあ一体どうして、こういう考え方が「ダメ」なのでしょうか。その理由は2つあります。

1つは、こういう考えグセをしていると理性や冷静さを失しやすくなるため、何かとグチっぽくイジイジしていて、その場をしらけさせることが多いから。

しかもありがちなのが、自分でその状態に気づかずに、周りにまでこういう考え方を押しつけてしまうケース。こうなったらもう、好印象どころか、ただの嫌われモノ確定です。

そしてもう1つの理由は、これらの考え方は、他人のみならず、自分自身のメンタルヘルスにも悪影響を及ぼす、自虐《じぎゃく》的、自責的な考え方だからです。

こういった思考パターンをずっと続けていると、精神疾患にかかりやすいことが指摘されています。アメリカの心理学者ベックによると、とくに、重篤《じゅうとく》なうつ病の人は、こういう考えグセを長年続けてきているケースが多いとのこと。

ということは、これを逆手にとって考えれば、こういう「ダメな考え方」を徹底的に熟知し、そして日頃から完全排除するように留意すれば、かなりの論理性、客観性を保つことができるということ。そのうえ、心の健康も保たれるという一石二鳥。そう考えれば、この「ダメな考え方一覧表」は本当にスグレモノなのです。

だから、私はこの「ダメな考え方一覧表」をとても重宝して使っています。病院のカウンセリングでもよく利用するのですが、実は、自分の手帳にも貼《は》って持ち歩いているんです。自分のゆがんだ考えグセへの「ダメ出し用チェックシート」として活用しているのです。

とくに、人間関係で無性に腹立たしく感じたときとか、仕事や恋愛のことで気分がへこみそうになったとき、これは便利ですよ。

自己内省しながら○とか△を書きこむだけですが、不合理な考えにとらわれていないか、不当に相手や自分を苦しめていないかを簡単にチェックできて、やっているうちに、不思議なくらい楽な気持ちになれるのです。

性格がよくなる「心の体操」
①他人の価値観で考える

それでは次に、「性格」がよくなる「心の体操」に移りましょう。この話をする前に、ちょっとだけ知っておいてもらわないとならないことがあります。それは、アイ

図表8 性格の分類表

	外交的－内向的	情緒安定－不安定
Average Type（平凡性格）	どっちつかず	どっちつかず
Black-list Type（危険性格）	外向的	情緒不安定
Calm Type（おだやか性格）	内向的	情緒安定
Director Type（リーダー性格）	外向的	情緒安定
Eccentric Type（変わり者性格）	内向的	情緒不安定

ゼンクという心理学者のとなえた、パーソナリティについての理論です。

アイゼンクは、人間のパーソナリティは「外向的―内向的」と「情緒安定―情緒不安定」という、2つの観点からとらえることができると考えました。

そして、その理論を活《い》かして、性格分類を試みたのが「内田・クレペリンテスト」とよばれる心理検査です。たぶん小学生のときなどに、学校でうけたことがあると思います。

図表8をご覧ください。その心理検査によって分類される、パーソナリティの種類を一覧にまとめたものです。5つのうち、あなたはどの性格に近いと思いますか。

別に、どの性格がよくてどれが悪いなんて、論じるつもりはありません。どれも個性的であり、一長一短があるもの。ちなみに私は、もともと「内向的―情緒不安定」のエキセントリック・タイプです。変わり者っていうことでしょうか。

しかし、「好印象の人」を目指すのであれば、そのまま放置しておくわけにはいかないのです。「外向的―情緒安定型」、つまりディレクター・タイプに近づかなくては、なかなか素敵な人には見えにくいものです。ですから私はがんばって性格を改造することにしました。

それではまず、一体どうしたら、もともと内向的な人間が外向的に変われるのでしょうか。その問いに答える前に、まず「外向的」の意味を誤解している人がとても多いことを、指摘しておかなくてはなりません。

「外向的」って、「外交的」とは全然違うんですよ。つまり、みんなと積極的に社交的にワイワイできる人、そういう意味じゃないんです。

そうではなくて、「物事を決める判断基準を、自分の外側に持っている」というのが、本来の定義なのです。

たとえば、会社の先輩が入院してお見舞いに行くとしましょう。そこで内向的な人は、「自分だったら病気のときメロンが食べたいから、それを買って持って行ってあげよう」と考えます。これって、判断基準が、自分の内側にありますよね。

一方、外向的な人だったら、「先輩はシャイだから、押しかけられるのがイヤかもしれない。まずは、社員一同で手紙と花束を送ろうか」。そういうふうに考えるでしょう。判断基準が自分の内側じゃなくて外側、つまり先輩の側にあるわけです。

つまり、簡単に言ってしまうと、自分の価値観で考えるのではなくて、むしろ他者の価値観や周りの空気を察して、それを重んじる性格。それが「外向的」の本当の意味なのです。

だったら、どう考えても、好印象をマスターするには「外向的」じゃないといけませんね。そうなるために、手っ取り早い方法があります。それは、いわゆる人間ウォッチングを徹底的に習慣化することです。

私は通勤中に、毎回、電車のなかでターゲットを1人絞り、その人のことだけを目で追いかける、というトレーニングをしています。もちろん怪しまれないように、ですよ。そして、探偵きどりで、ひたすらにその人のことを推理するのです。

その人がどんな職業に就いているのか、どんな性格なのだろうか、どんなものを好むのだろうか、どんなことで怒るだろうか、今どんなことを考えているんだろうか……。

これは、自分の内面についてあれこれ考えを巡らせること、つまり「内向」に偏《かたよ》ってしまうことを、完全に遮断する訓練とも言えます。自分のことはすっかり忘れて、見知らぬ他人のことばかりを、とにかく全力で考えこんでみるのです。

このトレーニングをやっていると、けっこう面白くてすぐに目的駅に着いてしまう。そして何より、初対面の相手の価値観とか、暗黙の要求を読む「カン」がだんだん鋭くなってくるのがわかります。

こういう探偵ごっこをコッソリやり続けているうちに、いつの間にか、自分の性格自体が、本当に外向的な人間へとシフトしていくのです。

性格がよくなる「心の体操」

②優柔不断になる

さて、外向的な性格にシフトしつつ、同時に身につけなくてはならない性格。それは「情緒安定型」になることでしたね。その体操をご紹介する前に、そもそも「情緒が安定している」って心理学的にはどういう状態をさしているのか、これを知っていただく必要があります。

情緒不安定な人と、安定した人の大きなちがい。それは、**物事の白黒をはっきりつ**

けたがるか、そうではないか——です。

情緒不安定な人って、はたから見ていて、すごく機嫌のいいときがあると思えば、一転して、急にイライラと怒りが爆発したりしますよね。

そこで、よくよく観察してみると、機嫌のいいときというのは、物事の見通しとか、正否の決着が、白黒はっきりついているとき。反対に、妙にイライラと怒りをぶちまけるのは、何かに「曖昧《あいまい》さ」が残っているとき。つまり白でも黒でもない、「グレーゾーン」に身を置かれたときなのです。

彼らは、とにかくグレーゾーンに弱い。だから、商談にしても会議にしても、決着とか結論とかがハッキリまとまるまで、ずっとイライラし続けていたり、不安でソワソワしていたりするわけです。

ところが、ひとたび仕事がうまくいったりひと段落着いたりすると、一転して気分が晴れわたる。急にご機嫌モードに転じ、ハメをはずして豪遊したりするのも、情緒不安定型に多く見られる傾向です。

人間関係においても、相手の気持ちがはっきりとわからないような状態が、とてもじゃないけど耐えられない。だから、相手を試すような行動をしてみたり（大げさに泣いたり、わざと怒ったり、ひどい場合は自殺をほのめかしたり……）、相手の考えをしつこく詰問したりしてしまうわけです。

やっかいですね、不安定って。でも、そういう人ってだんだん増えてきているような気がします。そして、うつ病や不安症といった精神病理とも、少なからず関連性があることが指摘されています。

これは、本人としてもつらいですよね。できることなら、情緒安定型に変身した方が得策だと言えます。これにも、とても役立つ心の体操があるのでご紹介します。それは**「白黒キッパリをやめて、優柔不断になること」**です。

「優柔不断なんて最低……」という声が聞こえてきそうですが、そんなことないのです。だって現実に、世のなかのほとんどのできごとには、残念ながら白黒なんて決着つけられない。中途半端《はんぱ》で、曖昧で、よくわからないことのほうが多いもの。

たしかに、はっきりさせるほうが正義感が強くて、なんかカッコよく見えるかもしれません。でも、社会的適応やメンタルヘルスを考えたとき、今、本当に必要なのは、優柔不断さやグレーゾーンを許せる、やわらかい感性（＝ソフト・インテリジェンス）なのです。

そういうことで、ちょっと図表9をご覧ください。これは、主にうつ病の患者さんを対象とした「認知療法」というセラピーで利用されている「思考記録表」を、ちょ

図表9 **思考記録表（簡易版）**

日付	①起きたこと	②起きたことの原因(%)	③決めつけへの反論(%)
◎月△日	帰り際に、上司から「明朝、出社したらデスクに来るように」と言われた	何か嫌みを言うため(100)	新企画について相談される(25) ただ食事に誘われる(20) 見合い話をすすめられる(5) たいした用はない(3) …

っとアレンジしたものです。

実は私、この表も手帳に挟んで持ち歩いて、しょっちゅう書きこんで使っています。だって、つねに情緒安定型ならずして、人に好印象なんて与えられるはずないでしょう。

使い方は次のような感じ。まず①**「起きたこと」**には、何か気にかかっているできごとを簡単に書きこみます。「昨晩、恋人に電話を何度もかけたのに出てもらえなかった」といった、ありのままのことを。

さて、その次からがポイントです。②**「起きたことの原因」**のところでは、「なぜ①のようなことが起きたのか」という理由を分析するのです。そして、ここがさらに大事なのですが、その「妥当性」をパーセンテージで記入するのです。たとえば「恋人がどこかで浮気をしていたから／１００％」というような形式で。

情緒不安定になる人は、いつもこういう混乱した局面で、たった１つの根拠しか頭に思い浮かべません。白か黒のどちらか。それで、ムキになって相手に「浮気してたの？　してないの？」と問い詰める、そういう状況につながるわけです。

だから、心を落ち着けて、③**「決めつけへの反論」**に移ろうではありませんか。ここでは、「②で思い浮かんだ原因以外の可能性と、そのパーセンテージ」を捻出《ねんしゅつ》してみてください。けっこういろいろ思い浮かぶものです。

たとえば、「もう寝ていたから／40％、会社で残業をしていたから／30％、相談事があって友人宅に出かけていたから／10％、1人で深夜ドライブしていたから／5％」など、可能性としてありえることはすべて、書き出してみるのです。

そうやってもう一度逆算しなおしてみると、最初の「浮気説100％」が一転、100％－（40％＋30％＋10％＋5％）＝15％、という、かなりビミョウな数値に変わりますね。

最初の「黒」という決めつけが、一気にグレーに変色するわけです。いろいろな可能性について客観的に検討することで、気分が安定してきます。疑心暗鬼になって恋人に怒りをぶちまけ、それがきっかけでお別れ……なんていうバカげたこともなくなるのです。

だから、何か嫌なことがあるたびに、この表に書きこむ習慣をつけてみてください。とりあえず面白いし、とらわれていた固定観念から解放されますよ。

それに、「まあ人それぞれ、いろんな理由があるものよ。仕方ないんじゃない？」という、いい感じに大人っぽい優柔不断さが培《つちか》われていきます。そのほうが、ガンガン詰問する正義の人よりも、現実問題として、愛される確率は上がるのではないでしようか。

「白か黒か」の単眼じゃなく、複眼的なもののとらえ方ができるようになる。グレーゾーンにまで考えを広げ、それを認めることができるようになる。その結果として、情緒安定型の性格にシフトしていけることは間違いありません。

心をきれいにする「心の体操」
自己愛を満たす相手を探す

さて、好印象をマスターするための「心の体操」も、いよいよクライマックスをむかえました。最後は、心のなかに「自己愛」を満たしておく体操です。渇望感やガツガツ感から相手を見間違えないようにするために。

ところで、「自己愛」って一体なんでしょう。私ってキレイ、俺ってイケてる……こういうナルシシズムとは少しちがいます。そういうふうに、本人の心のなかから勝手に生まれ出てくる「自惚《うぬぼ》れ」ではないのです。

だいたい、そういう人は嫌がられることはあっても、好印象であることからはむしろ遠いですよね。

自己愛とは、周りの人から「あなたは、自分のことを大切にし、尊重するべきなのですよ」という暗黙のメッセージを与えられることによって、はじめて存在しうるものなのです。自惚れみたいに、ボカンとひとりでにわいてくるエネルギーではない。自己愛とは、完全に、他人から与えられるものなのです。

私たちは、赤ちゃんのときからずっと、周りの人から自己愛を育《はぐく》んでもらっています。たとえば、はじめて歩けたとき、きっと、お父さんやお母さんが、「わあ、歩いた！　すごい、すごい！」と手をたたいて喜んでくれたはずです。

何かがんばると、だれかがそれを完全肯定してくれる。そういう経験の積み重ねから、「私は、自分を大切に思い、自分を愛《いと》しむ資格がある人間なのだ」という、大切な原理原則を学んでいくのです。周りの人が、あなたに自己愛をプレゼントしてくれたのですね。

しかし、不運にも、幼少期に大人から支えられる経験の乏しかった人は、「自分を大切に思えない」「存在価値がわからない」とか、反対に「過剰に自分を愛させようとふるまう」といった自己愛障害に陥ってしまうこともあります。

その結果として、リストカットをくり返す男性や、整形手術をくり返して苦しんでいる女性もいるのです。

しかし、これはどうも、幼少期だけに限った問題ではなさそうです。コフートによると、**「人は、生まれてから死ぬまで一生、自己愛を支えてくれる相手（＝自己対象）を必要とし続ける」**のだそうです。

でも現実には、大人になるにつれて、そういう支えって少なくなりますよね。だれも私のことを認めてくれない！　そういう嘆きをよく耳にします。先日、某女性誌で「ほめられ上手な女になるには、どうしたらいいですか？」という取材を受けたくらいです。小さかった頃は、上手に歩けただけでもあんなに喜ばれたのにね。

これはもう、そういう支え手となる対象を、自分で積極的に求めていくしかありません。大人としての独立心とか自立も大切だけど、「人は一生、自己愛を満たしてくれる支えが必要」。それが本質なのだから。そして、自己愛が乾ききった状態では、いい出会いは難しいし、まして好印象なんてかもしだせるはずはないのだから。

さて、それではどんな人が、あなたの自己愛を支えてくれるのでしょうか。実はこれ、人によって少しずつニーズが異なるのです。先ほどのコフートは、3種類の「自己愛の支え人」を挙げています。

まず1人目は、あなたにとって、まるで**「鏡」**みたいになってくれる人。これは、さっき例に出したお父さんとお母さんのように、「歩けたね！」と、あなたのやっていることを鏡みたいに映し出し、それをほめたたえてくれる存在です。

2人目は、あなたにとって「理想像」になってくれる人。いわばカリスマ的な存在になってくれるモーゼみたいな人です。「こういうふうに生きるといいんだよ！」と手本を示し、力強く導いてくれる存在です。

そして3人目は、あなたの「双子」みたいになってくれる人。これはいわば、つるみ仲間。「君も大変だろうけどさ、僕だってつらいときがあるんだよ」みたいな、「あるある、みんな一緒だよね」ということを確認させ、安心させてくれるような存在です。

さっきもお話ししたように、この3つのなかでどの存在を強く求めているのかというニーズは、人によって少しずつ異なるものです。あなたは、一体どの存在を強く欲しているのでしょうね。84〜86ページの心理テストで調べてみませんか。これは、少し具体的に考えやすいようにするため、恋人・パートナーを想定してつくったテストです。

これで得点の高かったものが、あなたがとくに強く求めているパートナー像ということになります。だから、そういう支えてくれる人をうまく見つけることができれば、あなたの自己愛は満たされ、もっと表情が輝きはじめるということになります。そして、優雅な雰囲気とか、幸せオーラのようなものが出てくると、第一印象が全然変わってきます。

ただし、現実的に考えてちょっと難しそうなのが、「理想像」を求めているタイプかもしれませんね。ほめてくれる鏡とか、つるんでくれる双子はけっこう見つかるかもしれないけど、導いてくれるカリスマには、実際はなかなか出会えないでしょう。

そういう場合は、具体的な人物じゃなくてもいいのです。歴史上の人物でも、自分が想像する「理想の自分像」でもいい。信仰心のある人だったら、神仏がそういう役割を担《にな》ってくれているかもしれません。

実際に顔を見ることができなくとも、心のなかにイメージとしての理想像をいつも宿しておく。それだけでも、あなたの自己愛を育ててくれるのに、十分な効果があるのです。

さて、以上のことを全部マスターすれば、好印象づくりのための「心の体操」はおしまい。あなたの毎日の思考パターンや、生活習慣のなかに、心がまえとして少しずつとり入れてみてください。だんだん周りの人から、「なんとなく素敵な人に変わった。なんで?」と、不思議に思われるはずです。

さて、いよいよ「もう一度会いたい」と思ってもらえるような、フラメンコ的印象

自己愛チェックテスト

恋人について（いない場合は仮にいたとして）、結婚している人はパートナーについておたずねします。

①ふとしたことで友人と言い争いに。あなたは気持ちがへこんでしまいました。そんなとき、恋人が次のように声をかけてくれたとしたら、どう感じますか？

A. それは落ちこむだろうね。ガッカリする気持ちもよくわかるよ。
（3. すごくうれしい　2. 少しうれしい　1. あまりうれしくない　0. 嫌な気持ちになる）

B. そんなことでクヨクヨすることはないよ。考えすぎないほうがいいんじゃない？
（3. すごくうれしい　2. 少しうれしい　1. 少しガッカリする　0. 嫌な気持ちになる）

C. 僕も昔、同じような失敗をしたことがある。だれでもそんな経験はあるよ。
（3. すごくうれしい　2. 少しうれしい　1. 少しガッカリする　0. 嫌な気持ちになる）

②恋人にとってほしくない態度は？

A. 何かとあなたにアドバイスをしようとする、細かくおせっかいな態度。
（3. 絶対嫌だ　2. あまり好きじゃない　1. 少しうれしい　0. 頼もしくてすごくうれしい）

B. ダラダラとあなたに甘えたような、ちょっと子どもっぽい態度。
（3. 絶対嫌だ　2. あまり好きじゃない　1. 少しうれしい　0. かわいくて好きだ）

C.「君は君、僕は僕」という感じの、自由放任主義っぽい態度。
（3. 絶対嫌だ　2. あまり好きじゃない　1. 少しホッとする　0. 楽だからうれしい）

③次のようなデートコース、あなたは好きですか？

A. あなたの行きたい場所に、相手がエスコートしてくれるデート。
（3. 最高！　2. うれしい　1. 少し物足りない　0. あまりうれしくない）

B. 恋人の趣味につきあうデート。
（3. 最高！　2. うれしい　1. 少し物足りない　0. あまりうれしくない）

C. 部屋でテレビを観たり、ゲームをしたりして気ままに過ごすデート。
（3. 最高！　2. うれしい　1. 少し物足りない　0. あまりうれしくない）

④恋人のために、腕をふるってご馳走をつくりました。恋人の次のような反応、どう思いますか？

A. とにかく喜んで、たくさん食べてくれる。
（3. ベストな反応！　2. うれしい　1. 少し物足りない　0. うれしくない）

B.「味は完璧。でも少しやわらかすぎるかな」など、的確な感想を述べてくれる。
（3. ベストな反応！　2. うれしい　1. 少しガッカリする　0. 嫌な気持ちになる）

C. あなたにライバル心を燃やし、次回は恋人が腕をふるってくれる。
（3. ベストな反応！　2. うれしい　1. 別にうれしくない　0. 嫌な気持ちになる）

⑤次のような恋人、あなたは苦手ですか？

A. アマノジャクな人。
（3. 大嫌い　2. 嫌い　1. なんとも思わない　0. わりと好き）

B. 甘えんぼうな人。
（3. 大嫌い　2. 嫌い　1. なんとも思わない　0. わりと好き）

C. マイペースを貫く人。
（3. 大嫌い　2. 嫌い　1. なんとも思わない　0. わりと好き）

⑥あなたから別れを切り出した過去の失恋。今、思いおこしてみると、どんなことが原因ですか？

A. 相手があなたのことを理解してくれなかった。
（3. 重大な原因になった　2. 原因の１つになった　1. あまり関係ない　0. 相手は理解してくれていた）

B. 相手をあまり尊敬できず、頼りがいがなく感じた。
（3. 重大な原因になった　2. 原因の１つになった　1. あまり関係ない　0. 相手は頼もしかった）

C. 相手の趣味や考え方が、自分とはちがいすぎていた。
（3. 重大な原因になった　2. 原因の１つになった　1. あまり関係ない　0. 相手とは似ている点が多かった）

⑦恋人には、あなたがどんなコンディションのときに、そばにいてほしいですか？

A. 悲しいことや、腹立たしいことが起きたとき。
（3. とても会いたくなる　2. 会いたくなる　1. 少し顔を見たくなる　0. そういうときは会いたくない）

B. 明るく前向きな気分のとき。
（3. とても会いたくなる　2. 会いたくなる　1. 少し顔を見たくなる　0. それほど会いたくはならない）

C. 人間関係になんとなく疲れを感じたとき。
（3. とても会いたくなる　2. 会いたくなる　1. 少し顔を見たくなる　0. そういうときは会いたくない）

⑧これまで、あなたが好きになった異性のタイプ。どんな人が多いですか？

A. いつでもあなたの見方をしてくれる、やさしい感じの人。
（3. 100%　2. 70%　1. 50%　0. 20%未満）

B. リーダー的存在で、みんなから人気のある人。
（3. 100%　2. 70%　1. 50%　0. 20%未満）

C. いいところもたくさんあるけど、少しドジなところもある憎めない感じの人。
（3. 100%　2. 70%　1. 50%　0. 20%未満）

⑨恋人が一躍有名人に。テレビに雑誌に大活躍です。どんな気持ちになりますか？

A. 相手と不釣り合いにならないように、自分もがんばらないと。
（3. そう思って焦りを感じる　2. とてもそう思う　1. 少し思う　0. まったく思わない）

B. 「私の恋人はすごいんだぞ」と、まるで自分のことのように自慢に思う。
（3. とても自慢に思う　2. 少し自慢に思う　1. うれしいけど自慢には思わない　0. 私とは関係ない）

C. 恋人が少し遠くに行ってしまうようでさびしい。
（3. 強くそう思って心配になる　2. 少しさびしくなる　1. 複雑な気持ちでわからない　0. さびしさはまったく感じない）

⑩次のような仲良しカップル。あなたはうらやましいと思いますか？

A. 性格も趣味も全然違うけど、お互いを認め合っている関係。
（3. ベストカップル！　2. 素敵だなあ　1. うらやましくはない　0. そんなカップル嫌だ）

B. 男性のほうにすごく頼りがいがあって、女性をリードしているような関係。
（3. ベストカップル！　2. 素敵だなあ　1. うらやましくはない　0. そんなカップル嫌だ）

C. 似たもの同士で、いつでもどこでも一緒に過ごしているような関係。
（3. ベストカップル！　2. 素敵だなあ　1. うらやましくはない　0. そんなカップル嫌だ）

Aの合計点がもっとも高い人→「誰か私の鏡になって」型

自分の「真の理解者」になってもらうことを、強く求めるタイプです。あなたは、ほめてもらったり、個性を認めてもらったりすることによって自己愛が満たされます。いわゆる「イエスマン」と長期的なパートナーシップを保ちやすいのもこのタイプです。「この人はわかってくれる、自分を受け入れてくれる」と思える人と出会えるといいですね。

Bの合計点がもっとも高い人→「誰か私の理想像になって」型

つねに、だれかに対して憧れや尊敬を抱いていたいタイプです。あなたは、困ったときや悩んだときに、「こうすればいいんだよ」と力強くアドバイスされ、叱咤激励されることで自己愛が満たされます。そういうカリスマ的な上司や先輩に出会えればいいですね。

Cの合計点がもっとも高い人→「誰か私と双子になって」型

仲良しの友だちのように、同じ面をたくさん持っている人を求めるタイプです。あなたは、考え方や好みが一致する人とともに過ごすことで、自己愛が満たされます。ファッションや趣味、性格がどことなく似ていて、「私は1人じゃないんだ」「この人も私と同じなんだ」と、共感し合えるような友だちがたくさんできるといいですね。

を身につける時がやって来ました。次の章からは、そのための具体的なノウハウと、2分で魅せるフラメンコ的印象の作り方を、一緒に考えていきましょう。

第3章　絶対「好かれる」第一印象
2分で演じる5つのシーン

シーン0「出会い前、アンニュイを準備する」

①イメトレをしない

さあ、いよいよ2分で相手をとりこにするフラメンコ舞台のはじまりです。幕切れまではたったの2分。その間に、「どうしても、あの人とまた会いたい」という、強い記憶を相手に残さなくてはなりません。ぼやぼやしている時間はないのです。

まずは「シーン0」。これはまだ、舞台に上がる前。つまり、初対面の相手と会う前日〜直前までのことです。この時間をいかに過ごすか、ここがとても大切なことなのです。

なぜならあなたは、この短い時間で、できる限り「アンニュイな雰囲気づくり」を完成させておかなければならないからです。アンニュイ、それは、テンション低めで、メランコリックな気だるさ漂う、あの昔のフランス映画みたいなイメージ。

初対面では、あれくらいのゆるいローテンションから入るのがベストだと、キモに銘じておいてください。元気ハツラツよりも、ややアンニュイな雰囲気のほうが、初対面の人の興味を強くひく。この傾向は、乳幼児を対象とした実験でも証明されています。

それに、くり返し書いていますが、とにかくNGなのが過度の緊張感と高揚感。「私のこと好きになって！」「この商品買って！」といったガツガツした渇望《かつぼう》が、相手に伝わってしまうことです。

かと言って、ただ単にやる気がないように映ってしまうのも、もちろんダメですよね。そのさじ加減が、フラメンコ的印象の難しいところです。情熱を感じさせながらも、あえてテンションを抑えてアンニュイな雰囲気を漂わせる。これが、目指すべき理想形と言えます。

では、そうなるための秘訣《ひけつ》とは何か。それはたった1つ。シーン0では、いかに「イメージトレーニング」なるものをやめ、頭を空っぽにして過ごすか。これが、その後の2分間の明暗を分かつのです。舞台に上がる前に本番のことをイメージする、この行為、今日からいっさいやめてください。

社交好きな人や、反対に対人不安の強い人ほど、この誤りをおかしやすいので要注意です。「相手がどんな人だろうか」とか、「どんなことを話そうか」なんていうことは、まったく想定してはいけません。

なぜなら、（多くの場合がそうですが、）相手がイメージどおりの人格ではなかったり、想定どおりに話が展開しなかったとき、どうしてもその「軌道修正」にとらわれてしまい、とても舞い上がってしまってギクシャクしてしまうから。

対人不安で悩んでいる人に限って、翌日のイメトレを入念におこない、本番でそのイメージとのギャップに焦《あせ》って１人パニックになる。そういう悪循環にはまる傾向があります。**熱心なイメトレは、翌日の「アガリ」の原因につながってしまう**のです。

それに、イメトレを習慣化していると、だんだん硬く緊張した雰囲気がにじみ出るようになります。そして、知らず知らずのうちに、険しくこわばった顔つきになってしまうのです。好印象からは遠く離れてしまいますね。

よく、スポーツ選手が日々イメトレに励んでいるという話を聞きますが、それは、全身の神経を研ぎ澄まし、自らの緊張を極限にまで高めていくため。やわらかいアンニュイを目指す印象づくりは、こういうスポーツとは根本的に違うのです。

カウンセリングをしていていつも思うのですが、カウンセラーとのやりとりを用意周到にイメージしてきた患者さんって、話していてすぐにわかるものです。なぜなら、会話の段取りが型にはまりすぎてどうもかみあわないし、声とか表情にやわらかさがないから。

だから、下手にイメトレをして会話にのぞんでも、それがかえってアダになって会話が自然に流れず、「この人、マジメでいい人だけど、なんかギクシャクしてソリが合わない」、そう感じられてしまう可能性が大きいのです。

ですから、前日はできる限りいっさいの先入観を持たず、はだかの心で、いきなり本人と対面する。これが結局一番うまくいきます。

それにご心配なく。「何を話そうか」なんていう心配は、本当に必要ないのです。シーン1から詳しくお話しますが、フラメンコ的な印象づくりの場合、あなたのほうは、実はたいして喋《しゃべ》らなくたっていいカラクリになっているのですから……。

シーン0「出会い前、アンニュイを準備する」

②くだらないことを考える

さて、「イメトレはいけない」ことを説明しましたが、ここで1つ、注意させていただきたいことがあります。それはイメトレしないように「努力」する……これはもっとよくないということ。

マジメな方は私の話を聞いて、この「脱イメトレ」を早速実践してくれるのですが、真剣にとりくみすぎると、これがかえって厄介なことになるのです。

「先生がおっしゃったように、イメトレなんかしないようにがんばったら、そのことでもう頭がいっぱいになって、全然眠れませんでした」、なんていう苦情を耳にすることも。たしかに、それだと意味ありませんよね。

「忘れよう、忘れようとすればするほど、鮮明に思いおこされる」。人間の脳には、こういうアマノジャクなところがあります。心理学ではこれを**「心理的パラドックス（逆説的現象）」***とよんでいます。

この厄介なパラドックスから抜け出す一番手っ取り早い方法、それは、ありきたりですが、とにかく身体《からだ》を動かすことだと言われています。それから、個人的におすすめな方法は、「くだらない宿題」を自分に課すことです。

これはあくまでも私の場合ですが、翌日にテレビの生放送や学会発表をひかえて、プレッシャーを感じたとき、「よし、演歌3曲分の歌詞を、唄《うた》いながら全部おぼえよう」とか、「昨年買った服を全部思い出して、詳しく絵に描いてみよう」など、実に利益のない、しかしその分リラックスできるような宿題をつくり出しては、それに没頭するようにしています。

なぜなら、そういう具体的な作業に集中しながら、一方で同時に、翌日の仕事をイメージして緊張する……そんな器用な芸当はできないからです。人の脳は、2つのことを同時に考え込むことができないものです。

さらに、そういう宿題がひととおり終わってベッドに入ったら、「呼吸を30万回まで数え終わらなければ、寝てはならない」などという、新たなくだらない宿題にとりくみます。これは、先ほどの「心理的パラドックス」の逆利用と言えるかもしれません。

「寝ないといけない」と焦れば眠れませんが、「今、寝てはダメだ」と禁じれば禁じるほど、眠くなっちゃうのです。授業中や会議中に、やたらと眠くなってしまうのは、そのせいかもしれませんね。

こんな感じで、翌日にどんな重大な学会発表をかかえていようと、どんな大先生との対談取材が予定されていようと、とにかくイメトレはいっさいやりません。むしろ、不要な緊張感から脳を守り、疲弊してしまうことから逃れるのです。

そして、本番当日。必ず2駅以上は歩いて現場に向かうと決めています。それも重い荷物を持って、音楽を聴きながら、かなり速歩きで。これも同じで、身体を一生懸命に動かしながら、イメトレして緊張することはできないからです。

こうすると、いざ本番というとき、脳のほうは前日からリラックスしてよく休まっているので、最高に冴《さ》えていてよく働くし、へんなギクシャク感も出ない。しかし一方で身体だけが、少しまったりと疲れている。さっきまで歩いていたから。

実は、これが、フラメンコ的印象を簡単に作る最もシンプルな方法なのです。頭は冴えているのに、身体は少し疲れていて気だるい感じ。この雰囲気が準備できたらあなたはかなり、「アンニュイだけど素敵な人」に見えるでしょう。

これで、「情熱的なのにちょっと気だるいところもあって、なんかミステリアスな人」という印象で、初対面で好奇心を抱かれる確率100%と言えます。前日までのイメトレや、「元気いっぱいに見せないと」という気の張りは、心理学的にはかえって余計なのです。

シーン1「出会って15秒、情熱に火をつけよう」

①相手の居場所をなくす

さて、いよいよ出会いの瞬間がやってきました。はじめて目と目を合わせて挨拶《あいさつ》を交わす場面。時間にして、ほんの15秒くらいでしょうか。ここが「シーン1」となります。

あなたの印象を強力に植えつけ、相手の興味に火をつける。それができるかどうかは、ここにすべてかかっています。まずは、最初にどんなふうに挨拶を交わすべきなのか。その秘訣をしっかりおさえておかなくてはなりません。

ここでありがちな例として、好印象をマスターしていない、ごく普通の人の「シーン1」を見てみましょう。

「あ、どうもはじめまして。○×と申します」と、終始ニコニコ顔、もしくは終始マジメ顔での名刺交換。たしかにソツはないけど、こんな出だしで、相手の記憶に印象を刻むことはできないでしょう。

最初の最初で肝心なのは、ちょっとヒドいようですが、なんとしてでも相手の居場所をうばうことなのです。これ「心理的に」という意味ですよ。相手のイスをどこか遠くに置いてしまうとか、そういうことではありません。

では、「心理的に居場所をなくす」とはどういうことでしょうか。ここでぜひ、「**ダブルバインド***（**二重拘束**）」というテクニックを覚えてください。ダブルバインドとは、矛盾する2つのメッセージを、同時に相手に伝える心理術です。

たとえば、「こっちに来ないでよ」と満面の笑顔を浮かべて言う女性。「すごく楽しいです」と大あくびをしながら言う男性。小さな声で泣きながら、カウンセラーに激しく殴りかかってくる子ども。こういう状況が、まさにダブルバインドです。

人は、大きく矛盾する行為を2つ同時に突きつけられると、一瞬、心がフリーズしてしまうのです。「あれ、今、何が起きているんだ？　この人何考えてるんだ？」と思考が混乱してしまい、一体どうしていいのかわからなくなるのです。

出会って15秒の間にこのダブルバインドを少しでも感じさせることができたら、たちどころに相手の心理的居場所はなくなってしまって、おのずから、あなたのペースで話がすすむようになるでしょう。そのうえたったの15秒で、かなり強烈な印象を植えつけることに。シーン1で、これを使わない手はありません。

たとえば相手がいかに偉い先生や上司であろうとも、「あ、どうもこんにちは！今日って、けっこう暑くなかったですか？」みたいな、マナー的には相手がちょっと「エッ？」と思うくらいのカジュアル口調から話しかけ始めてみるのです。人なつっこいスマイルでね。

そして、相手が「あ、ええ、そうですね」とビミョウな笑みを浮かべて面食らったそのとき、「今日はお時間を割いていただいて、感謝しております。どうぞよろしくお願いいたします」と、今度は一転、神妙な顔つきで丁重にイスをすすめたりするのです。これがダブルバインドの典型。

さっき例に挙げた普通の人との違い、一目瞭然《りょうぜん》ですね。終始ニコニコ、終始マジメのどちらでもない。たった15秒のあいだに、まったく矛盾する2つの表情を見せるのです。人なつっこいスマイルと、キリッとした真剣な顔。

しかも、**タメ口と敬語、これを「混ぜこぜ」にして使う**のも、ダブルバインドの効果を簡単に出せる方法の1つです。しかし、とても勇気のいることですよね。初心者はタメ：敬語＝1：9くらいからはじめて、慣れてきたら2：8くらいまで増やすのがいい感じではないでしょうか。

これ、相手はかなりドギマギしますよ。「この人って、親しくしていいの？　へんな人なの？　賢い人なの？」という感じで、こちらとの距離のとり方がわからなくなる。これ、「なんとしてでももう一度会ってみたい」というフラメンコ的印象の第一歩です。

ちょっと余談ですが、仲良くしていただいている編集者の方で、このダブルバインドをすでにマスターしているツワモノを発見しました。

はじめて会ったときは、アクセチャラチャラ（注・中年男）で、いかにも業界風だったのに、翌日、「前略、植木理恵先生」という、手書きの礼状が送られてきたんです。丁寧な字と律儀《りちぎ》な文章で。あれにはちょっとドキッとしました。

シーン1「出会って15秒、情熱に火をつけよう」

②相手のシナリオを裏切る

さて、そんな感じで、ダブルバインド満載の自己紹介や名刺交換などが終わったとします。第一声でカジュアルに話しかけた直後、一転して丁寧な敬語で席をすすめ、相手が座ったとします。さて、その次が肝心。あなたは、一体どこに座りますか。

ここで多くの方は、なんの迷いもなく真正面にドンと腰かけます。合コンとかでも、気に入った異性がいたら、われ先にと正面の席をとりたがるものです。残念、その位置はうまくいかないのに……。

「もう一度会いたい」と思わせる座り位置、それは、相手がわざわざ首を動かさないと、あなたの顔がはっきり見えない位置なのです。いくらルックスに自信があっても、初対面からあなたの姿を白日の下にさらしてはいけません。

なぜなら、真ん前にドカッと座っているもの、目の前に突きつけられているものに、人はあまり魅力を感じないからです。最初は、少し見えにくいくらいが一番印象に残る。フラメンコの踊り子が、顔をわざとそむけて陰影をつくるように、あなたも男性であろうと女性であろうと、「チラ見せ」の工夫をするべきなのです。

それに、目をガッツリ見合わせて喋らなければならない状況……これは、仲良くなるどころか、むしろ互いに敵意を抱きやすくなってしまうことも、行動心理学者スティンザーの実験で示されています。だから、「初対面での正面」はできるだけ避けたほうがいい。

かと言って、あまり離れて座りすぎても、単に声が届きにくいですよね。座り位置って、けっこう奥深いのです。

そこで、心理学的に自信を持っておすすめしたいポジション、それは、「相手と直角の位置」に座るということ。テーブルを前にして、あなたと相手の肩と肩が、くっつくかくっつかないかの近距離で、90度に座るポジション。ここを、虎視眈々《こしたんたん》と狙ってほしいのです。

この座り位置は、もうミラクルと言っていいかもしれません。絶対に仲良くなれる、話がはずむ、相手が本音をはく。実はこの座り方、心理学者のあいだでは「カウンセリング・ポジション*」というニックネームがついているくらいなのです。

私は、この座り位置には本当に自信があるので、カウンセリングや取材のときはもちろん、気に入った人がいたら、プライベートでもいちいちこのポジションを狙って腰かけます。

ところが、先日ある企業セミナーでこの話をしたら、次のような不満が続々と噴出しました。「でも先生、商談だったらふつう、正面に座るって決まってるじゃないですか。そんな、男同士が近づいて座ったら気持ち悪いですよ」。うん、たしかにそうかもしれませんね。いきなり相手が角に座ってくるなんて、誰も想定していない。たいていちょっと「エッ?」という顔をされます。でも、こちらとしたら、そのサプライズもまた、相手の印象をゆさぶるための、ねらいの1つなんです。

デートでも商談でも、相手のほうはたいてい「まず自己紹介して、正面に座って、挨拶して……」というような、ごくありきたりなシナリオを頭のなかに持っています。こういう「こり固まった段取り」のことを、心理学では「スクリプト*」とよんでいます。

そのスクリプトを、あなたのほうからいきなり壊してしまうのです。この作業は、どんな雄弁さにも勝るインパクトを持っています。とくに商談などでは、相手の持っているスクリプトを先に壊したほうが、必ず優勢になると言われています。

ただし、角に座ることにどうしても抵抗がある方は、何か一緒に見なくてはならない資料を用意するといいですね。最初は普通に正面に座っていても、「これについてちょっとご説明さしあげたいんですが」などと言いつつボールペンでも持ちながら、さりげなく角に移動する。それなら大丈夫ですよね。

「シーン1」は時間にしたらほんの数秒間のやりとりですが、けっこう忙しいでしょう? ボヤボヤできません。「ダブルバインドな表現」と「カウンセリング・ポジションの確保」、最初に、これだけはなんとか成し遂げてください。

シーン2「最初の1分、がむしゃらに踊らせる」

①ボケて調子に乗ってもらう

さて、お互いが席についてからの60秒。とりとめもない世間話の時間です。第1章にも書きましたが、ここを適当にはしょってはいけません。いきなり本題に入ろうとすると、もっとも危惧《きぐ》すべき「冷たい」印象を持たれてしまうからです。

とは言え、ここであまりお喋《しゃべ》りになってもいけないのです。あなたが目指すのは、「情熱」と「はかなさ」の混合したフラメンコ的印象でしたよね。単なる明るい活発な人だと思われては他の人と一緒になってしまって台無しです。だから、序盤はあえてひかえめに。

相手に喋らせることのねらいは、それだけではありません。実は、**たくさんの量を喋った人のほうが、「今回の会話は盛り上がった。この人とはウマが合う」と思いこみやすい**のです。盛り上がって喋っているのは、自分だけなのに。

だから最初の60秒は、いかに相手を乗せて、気持ちよくお喋りになってもらうか。これが大きな課題となります。

否《いや》が応《おう》でも相手をお喋りにする方法。それは、こちらが「ボケ」に徹することに尽きます。日本人は「恥をかきたくない」という気持ちが強いのか、初対面の人を相手にしたとき、どうしても知ったかぶりをし、どちらかと言うとツッコミ側にまわろうとするクセがあります。

相手が何か話題を提供しても、たいがい「私もそれ聞いたことあります」「もちろん、そんなこと知ってます」といった風情《ふぜい》のリアクションが多い。はっきりとそう口にしなくても、そういう表情をしている。そんな雰囲気のなかで、相手がお喋りになれるはずがありません。

くり返しになりますが、第一印象で必要なことは、「なんとしてでも、もう一度会いたい」と思われることです。「へえ、この人ってもの知り」と感心されても、それっきりのことなのです。

さて、それでは「ボケ」に徹するとはどういうことか。それは、相手の話を知っていても、ちょっとあざといようですが、まるではじめて聞いたようにふるまうということです。

たとえば、相手が何か時事ネタを出してきたとします。「○○事件、犯人捕まりましたよね」みたいな。それに「ああ、あれでしょう?」みたいに賛同するのではなく、「えっ、本当ですか?」と驚くのがむしろマナーなのです。本当は熟知していても。

つまり、知ったかぶりの反対。「そんなことプライドが許さない」なんて方もいるかもしれませんが、これ、相手を喋らせるための一番手っとり早い方法なのです。すごくおとなしくて、カウンセリングしにくい患者さんを相手にするときにも、導入部でよく使う方法の1つです。こっちが聞き役に徹することで、どんな人も多弁になってくれるものです。

かと言って、商談やお見合いのときに「この人、無知だな」と、普通にバカにされても困りますよね。だから、私はこういう言い方をよくします。「今朝は忙しくて、新聞読めなかったんですよ。あの事件どうなったんですか?」「ニュースでチラッと見たんだけど全体像がつかめなくて。あれって一体何が起きたんですか?」

ここでのポイントは、その「ボケ」を会話全体にわたってやりすぎないこと。わざとらしくなってしまうのもアウトですものね。相手の話の3分の2くらいには単純に賛同して、たまに、いきなり「えっ、知らなかった。本当ですか?」みたいに驚いてみせる。そして得意げに説明させてあげる。

つまり、出会って最初の1分、がむしゃらに踊る(しゃべる)のは、相手のほうなのです。あなたはひたすら、それを誘導するように手拍子を打ってあげる役割に徹するのが賢い方法だと思いますよ。

シーン2「最初の1分、がむしゃらに踊らせる」

②あいづちでさらに乗せる

さらに、相手のお喋りをもはやノンストップにさせる「あいづち」の打ち方をお教えしましょう。カウンセリングにおいても、普段の会話でも、あいづちはすごく重要。相手の喋りを加速させるあいづちの原則は、大きく2つあります。

まず1つめ。ゆったりしたあいづちをしてはならない。よく間違いがちなのが、相手の息継ぎのところまで待って、「うん」とか「はい」とか言う方法。それだと遅すぎ。盛り上がっている感じがしないし、いかにもこちらが話を「聞いてあげている」というスタンスになってしまい、かえって相手に気を遣わせてしまうのです。

重要なのは、相手の言葉に「かぶせ気味」のタイミングであいづちを打つこと。つまり、相手が話し終えるか終えないか、そういう微妙なところで、もう「ええ、ええ」と、入りこんで言ってしまうのです。

たとえば相手が、「この間の案件、○○なんですってね。僕は××というふうに思うんですけどね」などと話しているとき。「なんですってね」の「ってね」にかぶせながら「あ、そうなんですか！」、そして「思うんですけどね」の「けどね」にかぶせながら「うん、なるほど」。フライング気味のあいづちが、むしろベストタイミングなのです。

　すると、相手は「この人、自分の話にものすごく興味を持ってくれている」と思って、嬉しい気持ちになってくれます。それに、こちらのあいづちのピッチが速めだと、「この人、頭の回転が速い。ものわかりがすごくいい！」と、何となく感激すらしてくれることも。

　そのため、「自分も負けられない。話の主導権をとられないようにしないと」という負けん気がわき、相手の方も自ら勝手に饒舌《じょうぜつ》になっていくのです。先に説明した「リアクタンス」の心理の応用ですね。

　それから、もう1つの原則。それは、バラエティ豊かなあいづちを、臨機応変に出すということ。「うん」とか「ええ」ばかりを一辺倒にかぶせ続けたって、かえって、「話を聞いてないいんじゃないか」と疑われてしまう危険性があるからです。

　ポイントは、あいづちのなかに「接続詞」をうまく入れてあげることだと感じています。ただうなずくばかりがあいづちじゃない。「そして？」「ところが？」「それはどうして？」「それで結局は？」というふうに、相手の口調に合わせて、どんどんあいづちを変えていく。

これは、ある程度の練習が必要です。相手が次の台詞《せりふ》を出しやすいような接続詞や質問を瞬時に口にできるようになれば、もうカウンセラーも顔負けです。あなたは「あいづちのプロ」だと言うことができます。

ここまで読まれてお気づきになったと思いますが、あなたのほうは「何か面白い話題を考えておいて、いろいろと提供しなくちゃ」なんて一切心配しなくていいんです。だからさっき、イメトレは必要ないって言ったでしょう。

とにかくたまに「ボケる」「かぶせ気味にあいづちを打つ」「いろんな接続詞を挟みこむ」。この３つの任務に徹して、相手をお喋りな人にしたてあげること。そして、まるで話がすごく盛り上がっているような「錯覚」を、ひきおこしてみせるのです。

フラメンコ的な好印象を目指すあなたは、自ら焦《あせ》ってガツガツ話す必要はない。むしろ、熱心に話を聞いてくれるのに自分のことはあまり明かさない。そういう、ミステリアスな雰囲気のほうを、死守するべきなのです。

シーン３「残りの１分、ついにあなたは踊る」

①見せるところ　見せないところ

さて、フラメンコ舞台も後半に入ります。相手が乗ってきて饒舌に喋りはじめたそのあとで、あなたのほうも、おもむろに少しずつ踊りはじめるのです。

ここで、ほとんどの日本人がおこなっている会話。それは、「客観的事実を羅列して、感情には触れない」スタイルであると言えます。だから、初対面同士の会話をつぶさに観察していると、どの人の話もとても硬い。

たとえば、「今○○っていうゲームがはやっていますよね」と一方が話を振ったとします。そのとき、ほとんどの人の反応が、「そうですよね、すごい人気ですよね」という単純同調。もしくは、「ああ、それ、うちの弟も持っています」という現状報告。

どちらもまるで「ひとごと」。客観的事実の羅列を、お互いに延々と続け合うパターンがほとんどなのです。まあたしかに無難だけど、あまりインパクトはありませんよね。これで印象に残るとは思えません。退屈になってきて、貧乏ゆすりのタイミングを早めてしまうだけでしょう。

フラメンコ的印象の人だったら、ここでこういうことを口にします。「そういうゲームがはやっていること、ぼくはなんだか悲しいんですよ」――唐突に、個人的な「感情」を口にするのです。これまで聞き役に徹していたのに、いきなり。

好き、嫌い、楽しい、つまらない、うれしい、さびしい。形容詞をたくさん使って、そういう感情表現をあらわにし、「客観的事実の羅列会話」をこちらから打ち壊してください。すると、「あなた」の人間味が、グッと身近に感じられるようになるからです。

ちなみに、「どうして？」などと相手に聞かれても、それほどまともに答えなくていい。むしろここで論理的に答えてしまうと、また客観的な会話に戻ってしまうからです。「自分でもよくわからないんだけど、なんか悲しいなあ。閉じこもった世界の遊びだからかな……」。そういう感情を表面に出したコメントだけを返せばいいのです。

つまり、みんながやりがちな会話の、対極に徹するのです。「感情は表現するが、客観的事実の羅列は避ける」。これが、フラメンコ的印象づくりの中核であると言えます。はじめは聞き役だった人が、こういう情動表現をいきなりくり出すと、人の心はかなりひきつけられるものです。

はじめはボケに徹していて、すごくいいあいづちを打ってくれていた人が、ふいに、個人的感情を口にする。しかもその理由や論理はさして明確にしない。相手は「？・？」と戸惑い、心のなかがざわざわしてきます。なんだかよくわからないけど、とりあえず、あなたが「只者《ただもの》」には見えなくなります。もっとあなたの事を知りたくなって当然です。

このほかにも、お互いの感情を高め合うための、もっとシンプルな方法もあります。それは、「シンクロニー効果」*を利用することです。これは、相手との「類似性」を強調すると、それだけで好意を持たれやすくなるという効果。

ひととおり相手の気持ちを乗せたら、いきなり話の途中で、「そのノート、私も昨日、同じのを買ったばかりなんです」「そのボールペン、僕のとまったく一緒ですね」などと、ものすごく不思議な現象のように驚くのです。できれば、2つくらいはなんらかの「おそろい」を見つけて、そこを無邪気に指摘してみてください。そんなことでも、簡単に好感度は上がります。

そういう感じで、感情面はわりと明け透けに表現するのだけど、「そこで何を考えているか」はつまびらかに説明しない。すると、相手はあなたに興味を抱くものの、何か消化不良のまま終わります。「もう1回会って、ちゃんと話してみたい」という欲求が、フツフツとわいてくるに違いありません。

シーン3「残りの1分、ついにあなたは踊る」

②ドラマをつくるあいづち

さて、あいづちとは奥深いものです。そのペースを少しずつ変えていかなければ、例の「馴化」が起きてしまい、単なるイエスマンになってしまいますよね。最初はかぶせ気味にあいづちを打つわけですから、けっこうなハイペースでうなずいたり感心したりして見せるわけですが、2分間ずっとそれを続けては、意味がありません。単なる「聞き上手な人」で終わってしまいます。フラメンコ的印象を刻みこんで、相手の記憶に留まるためには、そのペースを、いきなりガクンと落とす必要があるのです。

どのくらい落とすかというと、**あいづちの回数を、はじめのほうの3分の1くらいに減らしてください**。どんな言葉にあいづちを打つか、それは、実はどうでもいいのです。ただ、反応する「回数」を減らすだけでいいのです。

この変化には、相手は心理的にかなりのショックを覚えます。顔には出さなくても、「あれ、つまんなくなった?! 何か気に入らないこと言った?」という感じで、言いようのない不安感におそわれる。

ですから、カウンセリングの場面では、こういう行為はむしろ「ご法度《はっと》中のご法度」となっているくらいです。カウンセラーが急にうなずき回数を減じると、精神のまいっている人だったらグサッと傷ついてしまう。

しかし、通常の会話においては、こんなに簡便かつ効果的なテクニックはありません。こういう「ちょっと意地悪なメリハリ」こそが、まさに「情熱」と「はかなさ」の混じり合ったフラメンコ的印象を作り出すためのかっこうのコミュニケーションツールにもなり得るのですから。

前半1分と後半1分、まったく違う印象のあなたを演出するのです。すると、相手は容易に錯覚します。「この人はなんとなくほかの人と違う。なんだかすごい人なんじゃないだろうか」と。

そしてきわめつけ。雑談の最後のほうで、どんなきっかけでもいいから、相手の話に対して、ものすごく不思議そうな顔をつくってください。「え？　今の話、全然意味がわからないんですが？」みたいな顔。本当はわかっていてもね。

こういう行為にも、相手はかなり焦ります。最初はあんなに共感してくれていたのに、なんで急に話が通じなくなったのか、わけがわからないからです。ちなみにこれは、先述した「認知的不協和」の心理の応用です。そして、これもカウンセラーがやってはならないと教育されることです。

こういう感じで、2分間のフラメンコはだいたい終了します。あなたが話題を提供して踊りまくるようなシーンは、ほとんどないでしょう。ダブルバインド、座り位置、認知的不協和、あいづち……そういう意外と簡便な心理的なツールだけで、相手をグッと乗せたり、うれしい気持ちにさせたり、いきなりガッカリさせたり。言葉以上に強力なコントロールができるわけです。

あなたと別れたあと、相手はおそらく首をかしげるでしょう。「ずいぶんいろいろ話して楽しかったけど、よく考えたら、あの人のこと何もわからなかったな……」。それでいいのです。そんな不思議な気分こそが、「次こそは……」というドラマティックな再会を熱望したくなる重要なエッセンスになるのですから。

シーン4「フィナーレ、物足りなさを残して」

①別れは突然に

さて、ちょっとここまでのことを復習しておきましょう。

出会いの前日は一切のイメトレをしない。張り切るのではなく、むしろアンニュイな状態をつくることに徹する。そして会って最初の15秒で、すかさずダブルバインドと、カウンセリング・ポジション。

前半1分はボケに徹して相手を踊らせる。かぶせ気味のあいづちで、どこまでも上らせる。そして後半1分、打って変わってあいづちを減らし、少し焦らせる。シンクロニー効果などを利用して、論理よりも感情メインの表現を打ち出し、相手の頭を混乱させる……。だいたいこんな感じでしたね。

2分でここまでのメリハリ感を演出できれば、たいしたものです。が、しかし、まだ油断してはなりません。決して手を抜けないのが、舞台を降りるタイミングと方法なのです。

お別れは、あなたのほうから突然に。これが鉄則です。相手に「では、そろそろ」なんて言わせてしまったら、もうダメだと思ってください。会話が盛り上がってきた絶好調のときを見計らって、「では……」と、必ずあなたのほうから離れるのが大切なことなのです。

記憶に残りやすいものには2種類のものがあります。1つめは、これまで何度も強調してきた不協和感。つまり、「なんだかよくわからない不思議なもの」。そしてもう1つが、未完結感。これは、「え、まだ途中なのに……」という名残惜しさの感情です。心理学では、「ツァイガルニック効果*」とよばれています。

ですからフィナーレは、徹底的にこの未完結感を与えて去るべきです。盛り上がっているところで、急にサヨナラ。こういう去り方をされると、本当にいつまでも記憶に残ります。「次はいつ会えるのかな?」となんとなく心配になるからです。

かと言って、いきなり話を中断することで、自分勝手な人だと思われては困りますよね。そこでおすすめなのが、このフレーズ。「あ、なんかお時間とっちゃって申し訳ありません。楽しかったからつい……ではそろそろ」。こういう感じだったら言えますよね。

　デートとか恋人との電話のときも、未完結感は重要です。相手に「そろそろ帰ろうか」「じゃあもう切るね」なんて、絶対に言わせてはいけませんよ。そんなに充足させてはいけないのです。あなたの価値は半減してしまいます。

　特にデートのときなどは１秒でも一緒にいたい気持ちはよくわかるけど、グッと我慢して。私なんて、「４時から仕事なの」なんていうウソをついてでも、自分から去ると決めています（本当は予定ゼロでも……）。そのくらい、ツァイガルニック効果は強大なのです。

　合コンやお見合いの場合は、仲良くなりかけたところで、こちらから切り上げることが大切になります。メルアドの交換はしても、次の具体的な約束までしてしまわない。話の途中で、急に「じゃあね！」。

「あれ、まだ途中だったのに……」。そういう満たされない感覚こそが、「今度いつ会ってくれるんだろう」というようなつのる恋心に変身したりもするのです。意外と人間って、単純なところがあるものですね。

シーン4「フィナーレ、物足りなさを残して」

②小さくサヨナラ

さて、サヨナラのタイミングはそれでよしとして、どういう雰囲気で別れを告げるべきか。これも知っておく必要があります。決定的に大切なのは、**なんと言うかではなく「どういうふうに言うか」**。

「馴化」というフレーズを覚えていますか。どんなに素敵なものでも、それが一本調子だと、だんだん慣れて飽きてくる。この効果があらわれるのは、長期的な人間関係だけではありません。たった2分のあいだにも、確実に、馴化は起きているのです。

あなたの声の高さ、大きさ、表情……それになんとなく馴《な》れるには、2分あればじゅうぶんです。赤ちゃんでさえ、同じトーンの声を数十秒聞いていると、だんだんそれに興味を示さなくなるという実験結果があるくらい。

そこで、強調したいのが**「脱馴化*」**の重要性です。文字どおり、馴れてしまったことからもう一度ひきもどし、新たな感覚を与えてハッとさせること。これを去り際《ぎわ》にやっておくと、あなたの印象は、ますます強烈なものとなります。

これまで、声のことについては書いてきませんでした。2分間でするべきことがこんなに多いのに、声のことまで気を配っていたらあまりにも大変だから。あなたの普段どおりの声で話せばいいのです。ただ、最後の最後だけは、ちょっと声の出し方を演出してください。

「では、そろそろ」「じゃあ、また」「ありがとうございました」「失礼します」……いろんな別れの言葉があって、それはどれでも大差はないのですが、重要なのは、ここで決して「元気な声」を出してはいけないということ。

初対面の関係は緊張感があるので、ただでさえ互いに大きめの声になりがち。そのまま同じ調子の声で、つまり馴化したまま別れてはならないのです。一転して、はかなく、切なく別れなくては、フラメンコじゃないのです。

だから、これまでの声よりも数段小さく、そして低めの声で、サヨナラを告げてみてください。たったそれだけで、脱馴化はパーフェクトです。相手は、あなたの声の変化に少なからずアレッと思います。あなたの小さなサヨナラで、なんだか切ない気分になってくるのです。

では、一方的に終了させるわけにはいかない商談などの場面は、どうしたらいいのでしょうか。それは、2分間の世間話をあなたから切り上げて、パッと業務的な本題に突入すればいいのです。

私の場合、世間話が盛り上がっている最中に、おもむろにバッグから資料を出して仕事モードに入り、少し黙りこんだりします。ある社長さんから感心されたのですが、これって、なかなか迫力のある人に見えるらしいですよ。

以上で、フラメンコ舞台は幕を閉じます。初対面さえ成功させれば、あとはもう、ずっと自然体のままでも愛される。なぜなら、第一印象は2分で決まって、それは生涯変わらないのだから。

第4章

「好かれる」ための総仕上げ！
2分1秒からのダメ押しメッセージ

人をひきつけて離さない3大メッセージとは

　さて、ここで最後の確認です。人の印象はおおむね2分で決まって、その後はもうなかなか変わらない。出会いがしらに「フラメンコ的印象」を与えれば、相手はかなりの高確率でまたあなたと会いたくなる。しかも、その強烈な印象はずっと続く。だから、あなたへの興味が色あせることもない。

　ということは、最初の2分の過ごし方に成功すれば、その後は、もうなんの苦労も必要ないのです。ありのままの姿で接すればいい。それでも不思議と相手の興味をひきつけ、好かれ続けるのです。

　でも、さすがにずっと手を抜いていたら例の「馴化《じゅんか》」が起きちゃうんじゃないか。たしかに初対面でひきつけても、そのあとにいっさい努力をやめちゃったら、だんだん飽きられるのでは……。そう危ぶんでいただいたあなた、この本のかなりの熟読者ですね。ありがとうございます。

　そう、基本的に、第一印象は2分で決まって生涯変わらない。しかし、です。初対面のあとに、あるプラスアルファを実施するだけで、1週間後、1ヵ月後、1年後と会うたびに、あなたの印象がもっともっと良くなり、最終的には相手が心理的に離れられなくなるような方法があるのです。馴化なんて、絶対に起こりえないような方法が。

それについても熟知しておけば、まさに鬼に金棒。人をひきつけて一生離さないような人格者は、本人も知らず知らずのうちに次のようなことをやっているに違いありません。

それは次の3つの「暗黙のメッセージ」のすべてを、会うたびに相手の心に訴え続けるということです。

①私は使える人です。
②私はスペシャルな人です。
③私はあなたに寄り添う人です。

とてもシンプルなメッセージでしょう。ところが、いざ、これを相手の心に伝えようとトライしてみると、実はすごく奥深く、難しいことだということがわかるはずです。

だけど、ちょっと想像してみてください。最初はフラメンコのようにミステリアスな印象だけど、そのあと徐々に、実は使える人で、スペシャル感があって、そのうえこちらの気持ちに寄り添ってくれる……。そんな人と出会ってしまったら、だれだって夢中になるに決まっています。離れるのは嫌になってしまうでしょうね。

ですからぜひ、この「3つのメッセージ」を伝えるテクニックを、勉強してください。いかにして、これを相手の心の奥に響かせるか。これから、心理学の知見を駆使して、その具体的なノウハウについてお話しましょう。

第1メッセージ「私は使える人です」

①「1人ツッコミ」が知性を見せる

あの人は「使える」――これはちょっと失礼な感じかもしれませんが、実は、最上級のほめ言葉です。ただ単に「賢い」とか「有能」という状態をはるかに超えています。

知識が豊富な人とか、教養豊かな人はけっこういるものです。でも、その知識を「ここぞ」という場面でフル活用して、実践力とかリーダーシップを発揮できる人は、意外と少ないもの。アメリカの大学生をサマーキャンプに連れていってリーダーシップの様子を観察する実験があるのですが、それによると全体の1割弱くらいしか知識をフル活用できる人はいませんでした。

だからこそチャンスなのです。「この人って、ものすごく使える感じ」という印象を強く植えつければ、必ずあなたに大きな仕事がまわってきます。そういう人はマイノリティだから「価値がある」と見込まれやすいのです。しかも、ほかの人よりもなんだか上質っぽく目に映るから、モテるようになるのも必至。

さて、それでは使える感じに見える人って、具体的にはどんなことをやってるんでしょう。それは、日常会話のなかで、自然と「1人ツッコミ」を織り交ぜて話しているのです。これは、心理学で「**メタ認知***（meta-cognition）」とよばれる能力。メタ認知とは、「1人ツッコミする力＝自問自答を演じる力」のことなのです。

いくら知識豊富で雄弁であっても、とうとうと自分の主張を語り尽くすだけの人は、「頭よさそう」かもしれないけど、「使えそう」にはあまり見えません。それどころか、話していて鼻につくし、聞いているのがなんか面倒くさくなってくる。これ本当です。

ここで、次の2つの表現を比べてみてください。

A「第一印象は2分で決まります。もうそれは絶対的な事実です。なぜなら、○○という実験がその証拠ですし、××という学者もそう述べています。それに、心理カウンセラーである私の経験からも、間違いないと断言できるのです」

B「第一印象は2分で決まります。2分なんてさすがに信じられないですね。短かすぎる。ところが、〇〇という実験ではそれが示されているのです。って、こんな実験だけ見せられても、やっぱり腑に落ちないですよね。そこで、私のカウンセリングの話を聞いてください」

2つとも同じ内容を言っていますが、Aは「1人ツッコミ」なし。Bは「1人ツッコミ」ありバージョンです。いかにも自信たっぷりに聞こえるのはAですが、結果的に説得力があり、しかも好印象を持たれるのは、だんぜんBのほうなのです。

話したいのは「印象は2分で決まる」という全く同じテーマですが、Bのほうは、その根幹をあえて自分自身で疑って見せ、わざと自問自答して見せているのです。

私も、大学で授業をしたり、雑誌の取材を受けたりするときには、できるだけこの話法を意識的に実践しています。ただ一方的に事実や理屈をたたみかけるよりも、自分の発言にわざとツッコミを入れ、それに自分で答える。そしてまた、それにツッコミを入れては自答する。

学生や記者がエッという感じで、興味深げに私の顔を覗《のぞ》き込むのは、いつも、この

「1人ツッコミ」をした瞬間です。そして必ず、「今日は本当に価値のある話が聞けたし、すごく納得できました！」と、喜んで帰ってくれるのです。

とは言え、自分にツッコミを入れるってけっこう大変です。プレゼンをする前に、あらかじめ自分の意見の「限界点」「問題点」を周到に想定し、相手がどんな疑問を持つかな、ということをシミュレートしておく必要があるからです。

この話し方、ちょっと面倒でも習慣にしてみてください。それだけでもう、「私は使える人です！」と大声で伝えているようなものですから。

第1メッセージ「私は使える人です」

②肩車に上手に乗って

「肩車モデル」*――心理学用語に、こんな面白い言葉があります。これは、話し合いをするときに、どんなふうにしたら「三人寄れば文殊の知恵」の効果があるか、反対に、どんなふうにしたら「船頭多くして船山に登る」ような、混乱した状態になってしまうのかということを、研究した学者が唱えたものです。

その実験によると、話し合いをするときに、だれか1人が「肩車」に乗っていればうまくいく。みんなが並んでいたら、話がグチャグチャしてかえってまとまらない。

それが結論です。

みんなと同じ高さの目線で並んでいたら、当然、みんなと同じ景色しか見えません。でも、あたかもだれかの肩車に乗るかのように、一段高い目線に上がって見渡すと、だれも気づかない遠景が見えてくる。そんなリーダーが1人いると、「文殊の知恵」がわんさかわいてくる。そういう意味なのです。

大衆よりもつねに一段高い目線を持つ人……かっこいいですよね。しかし、そんな人ってごくたまにしかいませんよね。だからこそチャンス。こういうことをして見せると、いかにも「使える人」という感じの印象が相手に深く記憶されます。

ですから、相手と同じ目線で、呑気《のんき》にガヤガヤ意見交換している場合ではないのです。また、変に気を遣いすぎて、相手を自分の肩車にヨイショしてあげるなんてもってのほか。なんとしてでも、肩車に乗るべきは、あなたなのです。

とは言え、「本当に」そんなポジションに着くためには、「熟練」とか「叡智《えいち》」とよばれるような、奥深い人間力が必要となってきます。一朝一夕に、ポンと人様の肩車には乗れないものです。

だから、これを「本当に」実践するのはいったんあきらめましょう。しかしながら、です。ここだけの話、それっぽい「雰囲気」だけをかもし出すことは、実はだれにでも、簡単にできてしまうのです。

魔法の言葉をお教えしましょう。次の3つの言い回しを覚えてください。そして会話の要所要所で、これらの台詞《せりふ》をさりげなく挟みこんでください。これであなたは、たちまち肩車の上から世界を見渡すような、一段高いポジションに大昇格したように見えるのです。

①「今、どういった話をしていたんでしたっけ？　本題に戻りましょう」
②「○○は明確になりましたが、××が不明瞭《ふめいりよう》ですね。焦点を絞りましょう」
③「要約すると、△△ということになりますね。次の方向性は●●ですね」

まったくこのとおりに言う必要はありませんが、みんながガヤガヤ議論しているときにこのようなことをサラリと言うと、いかにも使える人っぽい。高いポジションからビジョンを示したり、話を収束させたりしている感じがするでしょう。

ですから、会議、プレゼン、けんかや口論、あらゆる場面において、この3つの台詞は早い者勝ち。だれかが言ってしまうより先に、ぜひともあなたが使ってください。

ただし、これには注意事項があります。こういう台詞は、あくまでもソフトに、にこやかに、謙虚な感じで述べること。相手のあげあしをとるみたいに指摘したり、語気荒く得意満面に言いすぎると、それは好印象からかけ離れますものね。

下手をすると、相手のプライドを傷つけて、もう二度と話したくないなんて思われる危険性もはらんでいます。肩車してもらうには、乗っけてもらうなりのマナーが必要なのです。

第2メッセージ「私はスペシャルな人です」

①スペシャルな人はおだて上手

「ほめられて気分の悪い人はいない」って、これ本当でしょうか。私は、そんなことないと思います。ピンとこないほめ方をされると、逆にイラッとすることもあるし、下手なほめ方をされればカチンとくることだってある。

最近は、「上手なほめ方を教えて！」というテーマで取材を受けることが、男性誌、女性誌ともに増えてきています。やっぱり、やたらとほめればいいわけじゃない、この事実に、みんながだんだん気づきはじめているのだと思います。

「ほめられる」という体験は、子どもでも大人でも、ものすごく記憶に残るものですよね。だから、ここでうまく差をつけることができれば、あなたという人間の独自性

＝スペシャル感は、一気に上昇することでしょう。

ほめるのが上手な人は、だれからも好かれます。それはどうしてかというと、人間は、**自己効力感*（Self-efficacy）**がエネルギーの源となる生き物だから。自己効力感とは、「がんばれば、だれかから認めてもらえる」という確信のことです。たしかにこれがゼロだと、はじめからやる気なんて起きないですよね。

そして、ここがポイントなのですが、**人の自己効力感がもっとも上昇するのは、だれかから「上手に」ほめられた瞬間**なのです。「この人は自分のことをちゃんと見てくれて、本当に認めてくれてるんだな」――そういう気持ちがグンと高まったとき、感激しない人はどこにもいません。

「こんなふうに言ってくれるなんて、この人は自分にとってスペシャルな人にちがいない」。そういうふうに思わせれば、あなたの存在が、ますますかけがえのないものになってくるのです。つまり、スペシャルな人とは、的を射たコメントをいつも相手にしてあげる人のこと。

では一体、どんなほめ方をすれば、そんな忘れがたい印象をプレゼントすることができるのでしょうか。

心理学では、ほめ方の分類を、「相対評価―絶対評価*」と、「結果評価―プロセス評価」＊という二軸でとらえています。

ご存知の方も多いと思いますが、「相対評価」とは「ほかの人との比較」によってほめたたえること。早食い大会とか、美人コンテストとかで優勝したときに、チヤホヤされる感じですね。

それに対して「絶対評価」は、ほかの人とはまったく関係をもたせません。本人自身のがんばり度だけをほめること。あなた、去年よりもなんか輝いてるんじゃない、最近よくがんばってるよね、みたいな、「個人内の変化」を指摘することです。

それから「結果評価」。これは文字どおり、今現在の結果だけを評価すること。今月の売り上げ100万円すごいですね、試合での圧勝さすがです、という感じ。

一方、「プロセス評価」は、結果はともかくとして途中過程をほめること。この3ヵ月間、ずっと残業続きでがんばってるよね、ダイエット成功しつつあるじゃん、といった言葉がこれに当てはまります。

ほめ方のフォーマットには、大きくこの4つの種類が存在するのです。逆に言えば、ほめ方はたったの4種類しかないってことです。この事実、スペシャルなほめ方をマスターする前の基本として、しっかり認識しておいてください。

第2メッセージ「私はスペシャルな人です」

②スペシャルな美辞麗句を

ほめ方って数多くあるように見えるけど、先述したように、実のところは「（相対・絶対）×（結果・プロセス）」の組み合わせ＝4種類に収束できてしまいます。図表10をご覧ください。

例として、女性に「君はキレイだ」といったことを言いたい場合を考えてみましょう。これ、あなただったらどう伝えますか。ロマンティックな表現は星の数ほどあるけれど、どう表現しても、必ずこの表の4パターンのどれかに当てはまるはずです。

さて、このなかで、やめておいたほうがいいのはどれでしょうか。それは、「相対評価」の2つです。「社内で一番」「○○さんよりも」というように、他人と比較してほめる方法。これオーソドックスだし、一見すごくインパクトがあるように見えるけど、口にするのはやめておいた方が無難なのです。

なぜなら、人間一般（とくに若い女性）は、他人が思っている以上に、自意識過剰で自惚《うぬぼ》れが強い。だから、「チーム内で一番有能」とか、「A子よりかわいい」とか言われても、実は内心、ムッとすることって少なくないんです。「え？　私ってその程

図表10 ほめ方メニュー

	絶対評価
結果評価	①君はキレイだね
プロセス評価	②君は会うたびにキレイになるね

	相対評価
結果評価	③君は社内で一番キレイだ
プロセス評価	④君の美しさは、今やタレントの○○より上だね

度なの？」とか、「私は私よ！」などと、心の深いところではムッとしてしまう。

なかでもとくにやめたほうがいいのが、「相対評価＋プロセス評価」。先輩に、「いい感じでがんばってるじゃない。そのうちB君に追いついちゃうんじゃない？」なんて言われても、あまりうれしくない。そのときは一応「ありがとうございます」という感じだけど、時間がたつにつれて、徐々にムカッとしてくるから不思議です。

「あの先輩、人と比べることでやる気を煽《あお》るなんて下品だな」とか、「B君にも同じこと言ってそうだな」とか、「なんか偉そうに評価された感じ」というように、屈辱的な感情がわきやすくなるからです。そんなコメントをするくらいだったら、もう何もしないほうがマシかも。

それでは相対評価は差し控えておいて、「絶対評価」ならば万事ＯＫかというと、これまたそんなに甘くはないのです。

先の表で言うと、「君はキレイだね」という「絶対評価＋結果評価」。これはもちろん悪くはないんだけど、残念ながら、たいしたスペシャル感がありませんよね。ほめられることにある程度慣れている相手だったら、なおさらそうでしょう。

料理が上手だね、字がきれいだね、笑顔が素敵ですね……こういう台詞って言われて悪い気はしないはずですが、ほめ方としては中流かも。だって、あまりにもありがちだから。これではスペシャル感を出したり、印象に残したりはできないでしょう。

そこで、声を大にして、おすすめしたいほめ方のフォーマット……それは、つねに「絶対評価＋プロセス評価」でガンガンほめ倒せ、ということです。

だんだんキレイになっていくよね、会うたびに楽しさが増すなあ、最近ますます仕事が早くなったんじゃない――人の記憶に強く残るのは、こういった台詞です。つまり、**他人と比べる要素は一切入れず、相手自身の「現在進行形の、ちょっとした変化」を目ざとく見つけ、そこを大絶賛するのです。**

私自身、仕事の関係上、わりといろんなお世辞を言ってもらえる機会があるのですが、「先生は、だんだん○○になっていきますね」「ますます××が素晴らしくなってきましたよね」。こういうほめ方をサラッとしてくださる方には、あまりお目にかかったことがありません。

だから、ということもあるのでしょう。本人さえも気づかずにいたような、小さな変化を指摘し、そこを思いきり評価してもらえると、すごく感激するものです。「この人って、私のことをずっと真剣に見ててくれてたんだ。目のつけどころがほかの人とはちがう。ありがたいな」というスペシャル感。

小さなことでもいい。とくに気の利いたことを言う必要もない。ただ、会うたびに、相手のちょっとした変化を見つけて、そこを指摘してはほめる。これでもう、あなたの好印象はますます不動のものとなります。

第３メッセージ「私はあなたに寄り添う人です」

①そのまま認めてあげて

「とにかく私、もう死にたいんです……」

生気の抜けたような淡々とした表情で、いつ会ってもそうくり返す少女がいます。

老若男女《ろうにゃくなんにょ》問わず、「もう死にたい」とか「生きていても意味がない」と口ぐせのように訴える患者さん、とても多いんです。

（でもさあ、実際のところ死んでないわけじゃん。さっき待合室でジュースぐびぐび飲んでたじゃん）……こんなこと、患者さんを前にして口が裂けても言いませんが、この「死にたいと訴えつつも、やっぱり生きてる」というジレンマ、人間の心理の不思議なところだと思います。

これと同じこと、日常生活でもけっこうありませんか。「もう会社やめたい」「オレって必要とされてないよね」「私もう、あなたとやっていく自信がない」等々。そう言いつつも、朝が来れば会社にいくし、夜になれば恋人に電話をかける。

じゃあ、彼らが口にしていることが「ウソ」なのか。たしかに、現象だけを見ればそうなってしまうかもしれない。しかし、臨床心理学では、こういう訴えのことを、**「心的事実」***とよんで最重視しているのです。

客観的には矛盾していたとしても、そんなことどうでもいい。とにかく「死にたい」と口にしてしまう気持ちは、彼らにとって、心的には絶対的な「事実」なんだから。

好印象ダメ押しのための第3メッセージ、「私はあなたに寄り添う人です」。これを伝えるためには、まず、このように客観的事実と心的事実を分けて考えてあげる余裕が必須《ひっす》条件となります。

相手の言っていることを「矛盾している、つじつまが合わない」と目くじらをたてるのではなく、ともかく「この人のなかでは心的事実なんだな」と認めてあげる姿勢が重要ポイント。これは、人の心に寄り添う基本的な姿勢です。そういう視点がないと、次のようなありがちなやりとりが勃発《ぼっぱつ》します。


「もう私、会社やめたいかも」

「どうして？」

「うーんとにかくやめたいから」

「だからなんで？」

「べつに……なんだか嫌になった」

「でも、先週までそんなこと言ってなかったじゃん」

「そうだけどね……」

「気分的なものでしょ。もっと先の見通し持って考えなきゃ」

「そういうことじゃないの」

「は？　なんだそれ。話のつじつま合ってないよ。ちゃんと説明して」


もしこの聞き手の人がカウンセラーだったら、患者さんは二度と訪れてくれないでしょう。短時間のあいだに、やるべきでないことを、2つもやっているからです。

まずNG1つめ。「どうして？」「だからなんで？」というきなりの理由詰問。これはいけないことですね。質問者側としては、「話を聞いてあげよう、問題があるなら助言してあげよう」という思いやりかもしれませんが、ただぼやいている側にとっては、その「理由」を問いただされることが、実はとてもシンドイのです。

だって、そんな論理的な筋道、みんな自分でもよくわからない。ただ、わきおこってくる「心的事実」をだれかに吐露してみたい。そういう心情ってだれにでもありますよね。気持ちの整理整頓《せいとん》など、別に手伝ってほしくないんです。そのうち自分でやるのですから。それを急激に迫られると、もう話すのがおっくうになる。

ですから、こういうときは、「そうなんだ、やめたいんだ、疲れたんだね」と、とにかく相手の気持ちを全面的に肯定してあげるべきです。そうやってると、だいたい相手のほうから、「実はこんなことがあってね……」と心を開いて喋《しゃべ》りはじめてくれるから。そして、とつとつと悩みを打ち明けてくれるから。それまでは、決して刑事のように取り調べしないことが重要だと思うのです。

それからNG2つめ。だいたいお察しのことと思いますが、「気分的なものでしょ」という一方的な結論づけ。これも「あまり深く悩まないように、軽く流してあげよう」というやさしさかもしれませんが、自分の悩みの原因を一言で結論づけられることほど、腹立たしいことはありません。

だから、こちらが話をまとめあげようとするのではなく、「どんなふうにツライの？　いつからそんなに悩んでたの？」と、むしろ広げてあげなくてはならないのです。面倒くさくても。論理的に収束させるのでなく、相手の「ツライ」という気持ちに大きく焦点をあて、それはどんな感じのツラさなの、と深く深く掘り下げていく。これは、心理療法で「フォーカシング」＊とよばれるとてもポピュラーな技法です。

こういうふうに相手の感情に寄り添ってあげていると、「ツライっていうか……イライラする感じ。会社にいてなんかさびしいときもある。なんでだろう……」というふうに、自然と自己洞察が深まっていくから不思議です。

本当に寄り添う気持ちがあるのなら、相手の心のグチャグチャしたことを、あなたがおせっかいにまとめなくてもいい。言っていることの「証拠」も「論理」も探し当てなくていい。ただ、相手にとっての「心的事実」を、傍らで我がことのように一緒に感じてあげればいいのです。

そうしてあげることが、相手があなたに心を開き、本音で話をするようになるための、一番の近道なのです。ただ、そばに寄り添ってほしい。だれも、「気持ちの整理」なんて、本当は手伝ってほしくはないのです。

第3メッセージ「私はあなたに寄り添う人です」
②簡単にわからなくていい

さて、人の心に寄り添うと一言で言っても、実際はなかなか簡単なことじゃありません。「相手にとっての心的事実を認め、それに共感する」――ちょっと心がけさえすればできそうにも見えますが、かく言う私自身も、まだまだそれが身についていないのです。

少し前の話ですが、ある若い女性がカウンセリングルームにやってきました。「毎日が憂鬱《ゆううつ》でたまらない、むなしい。いやな考えが頭のなかをめぐって止められない」というのが、彼女の訴えでした。

その女性はとても美しいのですが、だれが見ても一目でわかるほど、全身が美容整形のかたまりなのです。最初、驚きを隠せませんでした。異様に見開いた大きな二重の瞳《ひとみ》、ギリシャ彫刻のように尖《とが》った鼻筋とアゴ、スイカみたいに突き出た胸。性器の形から足の指の形までも整形していると、なぜか自慢をしていました。

まあ、それはともかく、彼女の気持ちになるべく寄り添おうとカウンセリングをしていると、彼女の感じる「むなしさ」とか「憂鬱さ」が、こんなところに起因していることがハッキリしてきました。

「私はこんなに美しいにもかかわらず、無料で身体《からだ》に触ってくる男性がいる。それが不思議でたまらない。私と寝るのなら、少なくとも５０００万円は用意するべきなのに、だれもそうしない。すごくムカついて、腑《ふ》に落ちなくて、それを考えると眠れない」んですって。

もちろん彼女の言っていることは、客観的にはかなり変わったことに聞こえますよね。でも、カウンセラーとしては、彼女の心にわきおこっている「心的事実」を、全面的に肯定してあげなくてはならない、はずなのです。

ところが、困ったことが起きたのです。彼女のことを、同じ女性として全然受け入れることができない。むしろ話を聞けば聞くほど、「そんなふうに考える女って最低だな」と、侮蔑《ぶべつ》すらしてしまう私がいたんです。こういうときって、すごく焦《あせ》ります。「こいつに共感なんてムリだあ！」って叫びたくなる。

そこで未熟者の私がやってしまった大失敗。それは何かと言うと、彼女に共感をしている「フリ」をしてしまったのです。そのときはフリだと自分で気づけていなかったのですが、あとで考えればあきらかに小芝居をうっている。「そうよね、そう思うのも無理はないわね」って、いかにも神妙な顔つきで。

でも、そういう「共感のフリ」ほど、相手を傷つけてしまう行為はないでしょうね。彼女は、私の態度に立腹しました。「先生みたいなエリートにはわからないでしょ?」。そんな言葉を吐き捨てて、彼女は二度と私に会いにきませんでした。何も言い返せない。だって彼女の言うとおり、寄り添えなかったのだから。ものすごい自己嫌悪におちいったのを今でもはっきり覚えています。

アメリカの心理学者ロジャーズは、カウンセラーの態度として、「絶対的な肯定的態度」と「共感性」が大切だと述べています。それはこれまで書いてきたとおりのことですね。ところが、ロジャーズはこれにプラスして、「真実性(純粋性)」がなければ意味がない、とも言っているのです。

つまり、カウンセラーの心のなかになんらかのわだかまりや反感があるときに、相手を無理に肯定してあげても、そこに「真実性」がなければかえってうまくいかないということ。

だから私は、さっきの彼女の話をもっともっと深く掘り下げて、聞かせてもらうべきだったんです。私自身が、「あ、なるほどな。そこは共感できるな」と、「本当に」思える瞬間がくるまで。それができていれば、少なくとも彼女を怒らせずにすんだ。

悪いことしたな……今でも、思いおこすと自分の頬を抓《つね》りたくなります。

こういうことって、カウンセリングに限りません。人はみんな、自分の気持ちに寄り添ってほしい。肯定してほしい。でも、本当に共有できていないのなら、共感したフリをするのはやめてほしい。わかってほしいけど、そう簡単にわかられてたまるか。複雑ですが、それが人の心の本質的なところだと思います。

「私はあなたの心に寄り添う人です」――そのメッセージを伝えるには、相手の気持ちが「わかる」その瞬間まで、深く話を聞いてあげること。こちらから話を切り上げたり、詰問したり、わかったフリに逃げないこと。

そうなれたとき、あなたは好印象という狭いわくを超え、本当に誠意と真実性にあふれる人格者として、だれからも慕われ、尊敬され、愛される人になれるはずです。

今日から「いつまでも好かれ続ける」人になる！

3つのメッセージの伝え方、ご理解いただけたでしょうか。本当は、会議であってもデートであっても、3つすべてを伝えるのが一番効果的。なぜなら、使える人という「知性」、スペシャルな人という「興味深さ」、寄り添ってくれる人という「やさしさ」――これらはお互いにまったく異質のジャンルだからです。

だから、そろって提示されたときの相互補完性、つまり「この人って本当に只者《ただもの》じゃない、こんな人はじめて」と驚愕《きょうがく》させる威力は、3つ1組でマックスに達するのです。

とは言え、はじめからそこを目指すのは、さすがに難しいですよね。だからおすすめメニューとしては、まずは初対面の相手をとりこにする、「最初の2分の過ごし方」から完璧《かんぺき》にマスターしてください。だって、ここでいきなり失敗すると、後々の3つのメッセージを伝える機会そのものを逃してしまいますからね。

そして、初対面のテクニックに自信が持てるようになったら、さっそく「①私は使える人です」の練習を。これは3つのメッセージのなかでは、もっとも難度が低いです。だから手はじめにはちょうどいいと思います。

社内での小会議やミーティングで練習してみるといいですね。たとえば自分のプレゼンテーションのなかに、「1人ツッコミ」を3つくらい挟みこんでみるとか、話の収拾がつかない感じになったとき、例の「肩車用語」をさりげなく発してみる。「お、いつもとなんかちがうぞ」……十中八九の人が、あなたの知性を見直すはずです。

さて、それをマスターしたら、「②私はスペシャルな人です」を、友だちとか恋人を相手にレッスンするといいでしょう。

久しぶりに会ったとき、相手の小さな変化をたくさん見つけ出して、「あのさあ、去年会ったときより肌きれいになってるよね？」「昔からやさしいけど、最近ますますあたたかみを感じるよ」……照れてる場合ではありません。これまでとはちがったほめ方に、「どうしたの？　なんか気持ち悪いなあ」とか言いながらも、相手はかなりいい気分になるはずです。そして、ますますあなたのことを大切な、かけがえのない存在だと感じるようになるでしょう。

最後に、３つめのメッセージ「③私はあなたに寄り添う人です」。

これは、うまくいったらものすごく効果があるんだけど、けっこう難しいんですよね。私があの整形美人を相手に失敗したこと、どうか反面教師にしてください。

このレッスンをおこないやすいのは、恋人や友だち同士、そして親子でのけんか、もしくは上司や友だちの長いグチ話を聞くシーンでしょう。こういうときに、「相手の心に寄り添う」ことを習得する練習だと思って、トライしてみてください。

「でも、そんなことしたらますます相手が調子にのって、けんかとかグチが長引きそう」って思うでしょう。ところが反対なんです。相手の言っていることを勝手にまとめたり反論したりするのをやめて、とにかくよく聞いてあげてみて下さい。それだけで、けんかもグチも、あっけないくらい短時間で終わってしまいますから。「もうじゅうぶん、受け入れてくれた」と相手が満足し、それを見てあなたも嬉しくなるからです。

もし、あなたに反論がある場合は、しばらく時間をあけて、あらためて話したほうが得策です。興奮した相手に言葉を返すと、口論が本当の気まずいけんかになってしまうから。

こういうわけで、3つのメッセージは、あなたの印象を高め続けるだけでなく、人間関係をよりよくするためのスパイスともなるのです。

「はじめまして」からはじまるごくごく普通の出会い。そこに心理学的な発想を取り入れてみることで、まるでドラマのように「かけがえのない運命の出会い」に変わっていくことを、お約束します。そして、好印象を持ち合うことが、お互いの楽しさや喜びを高め合うことに直結することを、ぜひともたくさん体験していただきたいと願っています。

＊用語解説

第1章

初頭効果：最初に与えられた印象が、後々の印象にまで影響を及ぼすこと。初対面のときの記憶は頭に残りやすく、ずっとつきまとってくる。

確証バイアス：自分の確信や信念にあてはまる事例は印象に残りやすいが、あてはまらない事例は見落としがちになる現象。

ステレオタイプ：たとえば「A型の人は几帳面《きちょうめん》である」といったような、紋切り型で画一的な偏見や固定観念のこと。

馴化：何度か経験しているうちに、慣れてしまうこと。同じ刺激を繰り返し与えられているうちに、反応が次第に減弱していく現象。

認知的不協和：相容《あいい》れない2つの認知を抱いたときに生じる、心理的葛藤《かっとう》状態のこと。心のなかに矛盾を抱えて、とても居心地悪く感じる。

第2章

リアクタンス：反抗心、反発心。自分の自由選択が奪われたり、何かを押しつけようとされると、こういう気持ちが自然にわき起こってくる。

情動二要因理論：人間の感情は、生理的な要因（心拍数など）と、それをどう「解釈」するかという要因（恋しているからなど）の2つの要素から成り立っているという学説。

第3章

心理的パラドックス：「忘れよう」「考えないようにしよう」と努力すればするほど、かえって忘れられなくなったり、余計に考えてしまったりする現象。

ダブルバインド：「こっちへ来い」「あっちへ行け」というような、相反する2つの情報の板挟みになって、身動きがとれなくなること。

カウンセリング・ポジション：カウンセラーと患者がL字型に座って話をすること。正面だと威圧感があり、お互い萎縮したり攻撃的になったりしてしまう。

スクリプト：日常生活での心理的「台本」のこと。たとえば「買い物をする」場面では、①品物を探す、②品物を選ぶ、③お金を払うというシナリオが無意識につくられている。

シンクロニー効果：人は、自分と同じ行動をとるなど、自分とどこか似ている相手に親近感や好感を持ちやすいという現象。

ツァイガルニック効果：いきなり中断された未完結な記憶のほうが、じゅうぶん完結した記憶よりも、いつまでも頭に残りやすいという現象。

脱馴化：新たな刺激を与えられると、そちらに注意が向き、これまで馴化していたものには関心や反応を示さなくなる現象。

第4章

メタ認知：メタ（meta）とは「1つ高次元の」という意味の接頭語。よってメタ認知とは、自分の認知を、1つ高次元から客観的に眺め、検討する能力。

肩車モデル：複数で力を合わせて問題解決をするとき、全員が同じ目線で考えるとかえって邪魔になる。しかしだれかが高い位置から展望を示せば、集団がうまく機能するという現象。

自己効力感：ある結果に到達するために必要な行動を、努力すれば、「できる、がんばれる」と思う「自信」のこと。

相対評価―絶対評価：相対評価は、集団内における個人の能力の「相対的順位」を表す方法。反対に絶対評価は、個々の人が以前と比べて「どのくらい達成度が上がったか」を表す方法。

結果評価―プロセス評価：結果評価は、勝敗や成功・失敗などの成果に着目する方法。

反対にプロセス評価は、どのくらい努力しているかというプロセス（過程）に着目する方法。

心的事実：客観的事実や科学的事実とは異なり、個人の心が体験するすべての感情や思考。「心理学的真理」ともよばれる。

フォーカシング：アメリカの心理学者、ユージン・ジェンドリンによって提唱された心理療法。心にわきおこる感情を徹底的に分析し、心の実感を患者に体験させようとする。

この作品は二〇〇六年十月東洋経済新報社から
『出会いをドラマに変える　2分の法則』として刊行され、
文庫化にあたり改題、加筆修正した。

河合隼雄著

働きざかりの心理学

「働くこと＝生きること」働く人であれば誰しもが直面する人生の〝見えざる危機〟を心身両面から分析。繰り返し読みたい心のカルテ。

河合隼雄ほか著

こころの声を聴く
——河合隼雄対話集——

山田太一、安部公房、谷川俊太郎、白洲正子、沢村貞子、遠藤周作、多田富雄、富岡多恵子、村上春樹、毛利子来氏との著書をめぐる対話集。

河合隼雄著

こころの処方箋

「耐える」だけが精神力ではない、「理解ある親」をもつ子はたまらない——など、疲弊した心に、真の勇気を起こし秘策を生みだす55章。

河合隼雄著

猫だましい

心の専門家カワイ先生は実は猫が大好き。古今東西の猫本の中から、オススメにゃんこを選んで、お話しいただきました。

河合隼雄著

縦糸横糸

効率を追い求め結論のみを急ぐ現代日本は、育児や教育には不向きな社会だ。心の専門家が、困難な時代を生きる私たちへ提言する。

河合隼雄著

いじめと不登校

個性を大事にしようと思ったら、ちょっと教えるのをやめて待てばいいんです——この困難な時代に、今こそ聞きたい河合隼雄の言葉。

池田清彦著
新しい生物学の教科書
もっと面白い生物の教科書を！ 免疫や老化など生活に関わるテーマも盛り込み、生物学の概念や用語、最新の研究を分かり易く解説。

茂木健一郎著
脳と仮想
小林秀雄賞受賞
「サンタさんていると思う？」見知らぬ少女の声をきっかけに、著者は「仮想」の謎に取り憑かれる。気鋭の脳科学者による画期的論考。

竹内薫
茂木健一郎著
脳のからくり
気鋭のサイエンスライターと脳科学者がタッグを組んだ！ ニューロンからクオリアまで、わかりやすいのに最先端、脳の「超」入門書！

R・カーソン
青樹簗一訳
沈黙の春
自然を破壊し人体を蝕む化学薬品の浸透……現代人に自然の尊さを思い起させ、自然保護と化学公害告発の先駆となった世界的名著。

S・シン
青木薫訳
フェルマーの最終定理
数学界最大の超難問はどうやって解かれたのか？ 3世紀にわたって苦闘を続けた数学者たちの挫折と栄光、証明に至る感動のドラマ。

S・シン
青木薫訳
暗号解読（上・下）
歴史の背後に秘められた暗号作成者と解読者の攻防とは。『フェルマーの最終定理』の著者が描く暗号の進化史、天才たちのドラマ。

新潮文庫最新刊

佐伯泰英著

日光代参
新・古着屋総兵衛 第三巻

御側衆本郷康秀の不審な日光代参の後を追う総兵衛一行。おこもとかげまの決死の諜報で本郷の恐るべき野望が明らかとなるが……。

唯川恵著

一瞬でいい
(上・下)

もしあの一瞬がなかったら、どんな人生になっていたのだろう……。18歳の時の悲劇が三人の運命を狂わせてゆく。壮大な恋愛長編。

山田詠美著

学問

高度成長期の海辺の街で、4人の子供が放つ生と性の輝き。かけがえのない時間をこの上なく官能的な言葉で紡ぐ、渾身の長編小説。

畠中恵著

アコギなのかリッパなのか
―佐倉聖の事件簿―

政治家事務所に持ち込まれる陳情や難題を解決するは、腕っ節が強く頭が切れる大学生！「しゃばけ」の著者が贈るユーモア・ミステリ。

乙川優三郎著

逍遥の季節

三絃、画工、糸染、活花……。男との宿縁や恋情に後ろ髪を引かれつつも、芸を恃みにして逆境を生きる江戸の女を描いた芸道短編集。

志水辰夫著

つばくろ越え
―蓬萊屋帳外控―

足に加えて腕も立つ。〝裏飛脚〟たちは今日も独り、道なき道をひた走る。痛快な活劇と胸を打つ人情。著者渾身の新シリーズ、開幕。

新潮文庫最新刊

山崎ナオコーラ著
男と点と線
クアラルンプール、パリ、上海、東京、NY、世界最果ての町。世界各地で出会い、近づく男女の、愛と友情を描いた6つの物語。

宮下奈都著
遠くの声に耳を澄ませて
恋人との別れ、故郷への想い。瑞々しい感性と細やかな心理描写で注目される著者が描く、ポジティブな気持ちになれる12の物語。

大島真寿美著
三人姉妹
隠したって何でもお見通し、失恋だってすぐにバレちゃう。姉妹の恋愛、仕事、日常を優しく見守る家族の日々を描く長編小説。

戌井昭人著
まずいスープ
冗談のようだが、冗談みたいだな人生は。表題作ほか、人間の可笑しさと哀しさが凝縮した2編を収録。気鋭が描く人間讃歌。

山崎ナオコーラ・柴崎友香
中上紀・野中柊
宇佐美游・栗田有起
柳美里・宮木あや子著
29歳
8人の作家が描く、29歳それぞれのリアル。不完全でも途中でも、今をちゃんと生きてる女子たちへ送る、エネルギーチャージ小説！

彩瀬まる・豊島ミホ
蛭田亜紗子・三日月拓
南綾子・宮木あや子
山内マリコ・山本文緒
柚木麻子・吉川トリコ著
文芸あねもね
私たちは再生するために生きている――3・11の三週間後から始動した、10人の作家による震災チャリティ同人誌。

好《す》かれる技術《ぎじゅつ》

—心理学が教える2分の法則—

新潮文庫　う－20－1

平成二十二年三月一日発行
平成二十四年三月二十日二刷

著者　植《うえ》木《き》理《り》恵《え》

発行者　佐藤隆信
発行所　株式会社新潮社
郵便番号　一六二―八七一一
東京都新宿区矢来町七一
電話　編集部(〇三)三二六六―五四四〇
読者係(〇三)三二六六―五一一一
http://www.shinchosha.co.jp

印刷・株式会社三秀舎　製本・株式会社植木製本所

ISBN978-4-10-129991-4 C0111